LETTRES VOLÉES

GÉRARD DEPARDIEU

Lettres volées

J.-C. LATTÈS

Lettres volées *a été édité par Olivier Dazat.*

Pour Julie et Guillaume

You can run,
You can't hide
Joe Louis

Danton a sa force, Tartuffe son ambiguïté, le lieutenant Saganne son héroïsme sobre, l'abbé Donissan sa ferveur, le loubard des Valseuses *sa crudité subversive, le « fugitif » de Francis Veber sa poésie virile.*

C'est entendu, notre époque l'a désigné, elle a choisi ce colosse qui affiche d'étranges différences pour être son héros, son champion.

Mais au-delà de sa jeune légende, de son passé de chef de bande à Châteauroux, on ne dispose sur Gérard Depardieu que de quelques diapositives, une série d'images d'Épinal, tout ce discours officiel et à la fois frivole sur les « stars ».

On devine que sa vie a nourri tous ses personnages de l'écran, qu'il tient de Jean Valjean, de Monte-Cristo et de Vautrin, qu'il est de la matière dont sont extraites les grandes figures romanesques. Il est la fiction. Enfoui plus profondément dans l'inconscient collectif, il était celui qui, à l'aube des temps, protégeait l'entrée de la grotte, se précipitait sans une hésitation sur l'ancêtre du lion ou de l'éléphant. Il est le protecteur, celui qui veillait sur la tribu endormie. C'était un Hercule avec l'audace d'un Prométhée.

Alors, évidemment, on se dit qu'il serait formidable qu'il écrive un livre. Mais ce grand interprète, ce lecteur à ses heures boulimique, cet artiste du verbe est toujours resté devant l'écriture comme un amoureux inhibé.

Tu n'écriras point, se disait-il, d'ailleurs tu n'as pas le temps, entre deux travaux d'Hercule, les héros se reposent.

Heureusement, il a commis une « erreur ». Après le tournage de Sous le soleil de Satan, en attendant Camille Claudel, cet homme pressé, oppressé, s'est accordé quelques petits mois sabbatiques. Et là il commence à écrire une lettre. A sa mère d'abord, puis il se surprend à en écrire une autre, puis une autre. Barbara, Truffaut, Dewaere, Adjani... Le lendemain, Duras, Pialat, la maladie, l'argent... Il écrit encore à sa femme, à son ami Jean-Louis Livi, à Bertrand Blier, à Claude Zidi, il leur écrit comme s'il ne devait plus jamais revenir. Ce sont des confessions, des aveux, des secrets. Des mots tendres et des mots durs, des mots qui comptent double. Il se relit, c'est une véritable correspondance. Il prend peur, il ne veut plus en entendre parler.

Ces lettres, il a fallu les lui arracher. Ce sont les Lettres volées, vingt-cinq textes pour autant de visages aimés, d'aventures fracassées ou d'amitiés insécables.

Décachetez maintenant ce livre, la dernière lettre lue, vous n'aurez qu'une envie, lui répondre. Malheureusement, nos héros nous quittent toujours sans laisser d'adresse.

O.D.

à La Lilette

Ma chère mère,

Hé oui! ma chère mère... Cela t'épate, ma Lilette. Je ne t'avais encore jamais appelée comme ça. C'est peut-être pour cette raison que tu tenais tellement à m'envoyer à l'étude du soir. Pour qu'un jour, je t'envoie une lettre, une longue lettre commençant par : « Ma chère mère... »

Maintenant, tu dois te demander ce qu'il m'arrive, qu'est-ce qui me prend de t'écrire? Cela n'a jamais été le genre de la famille de passer aux aveux, de dire les choses tout simplement. Dans notre cabane à Château-roux, notre grotte, c'était plutôt la loi du silence. Un silence bruyant! Parce que ça gueulait tout le temps. J'ai d'abord appris à crier avant de savoir parler. A tel point que lorsque je pense à vous, j'entends des cris. Des cris de toutes les couleurs. De joie, de colère, de souffrance aussi...

Mais d'abord, j'aimerais te faire une drôle de confidence : j'ai toujours trouvé que tu ressemblais à une vache. Oui, ma Lilette, tu ressembles à une vache. Te vexe pas, c'est très bien une vache. C'est le lait, la viande, le sang... Mais pour moi, surtout, c'est l'immobilité, une inertie chaude et rassurante, un certain fatalisme. Alors, évidemment, je songe à toi. A ta placidité, ta résignation. Tout est allé beaucoup trop vite pour toi. Mariée au Dédé à vingt ans, les petiots sont sortis de ton ventre à une cadence industrielle, de vraies balles de ping-pong ! T'en es restée comme stupéfaite, pétrifiée... De ton temps, l'aiguille à tricoter ne remplaçait pas la pilule. Tiens ! Il m'arrive aujourd'hui de me réveiller en sursaut en me palpant le haut du crâne pour voir s'il ne me reste pas quelques cicatrices... Bon, tu dois encore te dire que je dérape... En tout cas, je t'ai toujours connue avec le ventre plein, ce gros ventre qui prenait toute la place dans cet appartement aux pièces trop étroites. Il était là tout le temps, ton ventre, obsédant, j'avais vraiment l'impression qu'il me narguait. J'en ai donné des coups de poing dedans ! J'avais envie de crier : « De l'air ! J'étouffe !... »

Non, décidément, tu as toujours été enceinte. Tu prenais à peine le temps d'accoucher! Tes accouchements, c'était la fête. Une fête et une communion familiale, une cérémonie occulte. Ce sang que tu perdais, c'était celui d'un amour que tu ne pouvais pas exprimer. C'était un beau sang sans douleur. T'en fais pas qu'il le savait bien le Dédé. Trop même. Fallait le voir détaler au bistrot du coin dès les premières contractions, filer noyer sa grande frousse, sa grande pudeur dans l'alcool. Vous avez fait six enfants ensemble parce que vous étiez incapables de vous dire : « Je t'aime » autrement. Vous étiez deux paumés en train de saigner l'un à côté de l'autre, sans cesse en train de se jeter des cris et des insultes à la figure, attachés viscéralement par une haine animale, car votre amour était une grande force qui allait... comment dire... qui allait toujours contre. C'est bien cela, vous alliez passionnément l'un contre l'autre.

Alors, bien sûr, on ne pouvait pas lui demander de rester au Dédé. Il était tout pâle, terrorisé, quand tu lui balançais ton énorme, ton obscène « Je t'aime » à ventre ouvert. Moi, je restais là, je restais là jusqu'au bout. J'avais un regard froid et attentif. J'avais sept ou huit ans, mais l'on ne me prenait déjà plus pour un enfant. Cela ne m'intéressait pas des masses, l'enfance. J'étais une sorte de monstre, trop précoce et hypersensible. Je sentais bien que vous aviez un petit peu peur de moi. Peur de ma jeune force, peur surtout de mes visions nocturnes.

Souvent, au milieu de la nuit, je me réveillais en sueur, convaincu d'avoir un gros rat accroché avec ses dents à mon cou. Je me disais que si je faisais un geste, un seul, il me mordrait. Et je mourrais dans mon sang, sans déranger personne. Je pouvais rester une heure sans bouger, en respirant à peine, à attendre que cette horrible impression disparaisse.

Une autre fois, j'ai vu la poignée de la porte de ma chambre tourner lentement, tout doucement... Une romanichelle en haillons et à la peau sale s'est glissée sans bruit dans l'obscurité. Elle a levé ses jupes, et elle s'est mise à pisser dans le pot. Puis, elle a bu l'eau du broc qui était sur la table. J'entendais le son de sa gorge. Enfin, elle m'a regardé, longuement, et elle est partie sans un mot. Il m'a fallu du temps avant de pouvoir réagir, crier, vous avertir. Cette fois on a constaté que je n'avais pas rêvé, qu'il ne s'agissait pas d'un de mes cauchemars spectaculaires : le broc était vide.

Est-ce que tu te souviens, ma Lilette, de Philippe Daudon ? C'était le jour de Pâques. Nous étions allés faire le marché ensemble. Je te suivais partout comme un petit veau docile. Nous partions à bicyclette, je me tenais bien droit derrière toi. C'est peut-être la plus lointaine image de mon enfance que j'ai conservée. Lorsque je ferme les yeux, elle s'impose naturellement à moi : une femme sur une bicyclette, avec son petit derrière elle, tout contre elle.

Mais revenons à Philippe Daudon ! Tu m'avais acheté dans une boulangerie des œufs de Pâques. De beaux œufs de Pâques que tu avais soigneusement disposés dans ton panier. Nous sommes rentrés à la maison. Dans la cuisine on est tombés sur un mec assis nonchalamment sur une chaise, en train d'écouter la radio. C'était Philippe Daudon. Je me suis longtemps demandé si vous ne couchiez pas ensemble. Moi, je ne l'aimais pas Philippe Daudon. D'instinct. Je l'ai vu attraper ton panier sans bouger de sa chaise, il a aperçu mes œufs de Pâques, il s'est mis à les palper tout en parlant de la pluie et du beau temps, puis il a commencé à les manger les uns après les autres. Tu ne disais rien, ma Lilette. Je te regardais mais tu ne disais rien. J'assistais à la scène sans pouvoir rien faire. La haine m'avait plongé dans un curieux état. Je n'entendais plus rien, tout se déroulait comme dans un film muet. Je ne lui arrivais encore qu'au menton à Philippe Daudon. C'est ce qui l'a sauvé. Un peu plus tard, on s'est retrouvés dans les rues de Châteauroux, un soir. Je devais avoir à peine treize ans, mais j'avais ma taille d'homme, mes mains d'étrangleur et le tarin franchement menaçant. Je l'ai pointé du doigt et j'ai hurlé : « Philippe Daudon ! » Il a eu peur, il ne me reconnaissait pas. Alors, tranquille, je l'ai soulevé de terre, je l'ai appuyé contre un mur, pressant mon poing contre sa gorge, bien décidé, cinq après, à lui faire dégueuler tous mes œufs de Pâques, mes si beaux œufs de Pâques. « Tu te souviens pas de moi ? Gérard ? Les œufs de Pâques ? » La mémoire lui est revenue d'un seul coup, dis donc. Il a bredouillé des excuses. Heureusement, j'étais avec un de mes copains qui m'a empêché ce soir-là de faire une grosse connerie. Ces foutus œufs de Pâques ont été à deux doigts de briser ma future carrière d'acteur !

Mais c'était bien un dingue, ce Philippe Daudon. Il avait un pistolet avec lequel il passait son temps à mettre des gosses en joue en leur demandant s'ils avaient peur de la mort.

Quelquefois, comme ça, je t'en voulais un peu, ma Lilette, de ne jamais rien dire, de laisser faire. Mais toi et le Dédé, vous auriez été capables de vous laisser mourir de faim plutôt que de déranger le monde. Ça vous aurait plu de passer inaperçus, d'être invisibles. On était une espèce de tribu, une race d'Indiens en voie de disparition, tapie dans sa grotte. Vous ne vouliez surtout pas avoir de problèmes avec les autres. Vous ne vous affichiez pas comme ces blaireaux triomphants, au milieu de leur frigidaire et de leur marmaille. Quand les allocations familiales oubliaient de tomber en fin de mois, vous n'osiez même pas aller les réclamer. Quelquefois aussi, tu en avais marre de cette vie-là, ma Lilette, marre des cris, du Dédé, de cette histoire d'amour sourde et muette. Assez de perdre ton sang et ta jeunesse. Assez de m'avoir tout le temps dans les pattes. Tu m'expliquais que si tu n'avais pas eu un troisième enfant, il y a longtemps que tu serais partie, très loin, en voyage, en voyage pour toujours. Le troisième enfant, c'était moi. Quand je me suis sauvé de la maison, c'étaient bien tes fugues avortées que j'avais dans les jambes, le cœur. Je suis parti à ta place, pour toi...

Lors de ton dernier accouchement, le sixième, la fête a bien failli tourner au drame. Tu as été prise d'une hémorragie interminable, un torrent, une bourrasque. Ton lit était rouge de ton sang. Tu te noyais littéralement. Tu avais un regard de haine, de peur, de mort. Tu étais épuisée, à bout de mise au monde. Cela ressemblait à un massacre. J'ai

21

revu en un éclair l'expression de ces chevaux que l'on conduit à l'abattoir. Enfant, j'allais très souvent traîner aux abattoirs. Pendu au plafond à un crochet, le cheval devine que la mort est là. Il a un ultime galop dans l'espace, une valse funèbre. Je pensais à tout cela en te regardant, impuissant, souffrir le martyre. On a appelé le médecin. On a prévenu mon père qu'il se passait quelque chose de grave chez lui. Il a cru qu'il y avait un incendie. Il est arrivé avec une voiture de pompiers, il est monté avec la grande échelle jusqu'à la fenêtre de la chambre à coucher. Ensuite, tout se perd dans mon esprit. La frayeur immense du Dédé, ton visage quasi mortuaire après que tout fut fini, que le médecin nous ait rassurés.

Ma Lilette, dans tes silences, ton abdication, tes cris, ton irritation, il y avait un amour fou. S'il pouvait être dit, cela serait un amour de poète. Tu ne m'as pas envoyé en pleine tronche toute ton affection comme une mère du Sud possessive : « Je te donne tout mon fils ! Prends, prends, c'est pour toi, pour mon fils ! » Non, il y avait toujours une distance, une dignité. Tu t'es sacrifiée pour nous, tout de suite, à vingt berges. Tu étais une femme de charme, comme Catherine Deneuve, tu t'es transformée sans comprendre, sans réaliser, en pondeuse. Tu m'as tout donné discrètement. Mais jusqu'à l'épuisement, presque jusqu'à la mort.

Alors, à présent, tu ne pourras pas m'empêcher de te dire ce que tous vos bruits et vos hurlements ont vainement tenté d'étouffer. Cette phrase tabou, cette phrase minuscule que les cris ont si longtemps contenue, cette phrase dont nous avions tous peur, je te l'écris, ma Lilette, simplement : « Je t'aime... »

au Dédé

Mon Dédé,

Je t'entends encore gueuler : « Y'a plein de choses que je voudrais comprendre ! »

C'est pourtant simple : La Lilette est morte, Dédé. Je peux te le dire, moi, j'y étais. Elle est partie. Et tu n'auras plus personne pour multiplier par deux tes colères. Il faudra te débrouiller tout seul, te disputer en solitaire. Je t'entends encore gueuler : « Qu'est-ce que c'est que tout ce bordel ! »

Ce bordel, Dédé, c'est la mort. Tu t'es bien gardé d'y aller voir de plus près. Tu ne voulais rien savoir, rien admettre, rien comprendre. Aveugle et sourd. Quand on te pressait de venir à l'hôpital, tu braillais encore. « Je suis appelé à rester ici ! » Pardi. La Lilette n'est pas morte, c'est toi qui es vivant. L'injustice !

Il faudrait pourtant que je te parle du regard de la Lilette, de son regard avant la mort. Elle avait une expression de haine froide et concentrée, de mépris. J'étais décontenancé. Je me souvenais du visage de Romy Schneider, qui malgré les horreurs de sa vie avait retrouvé sa sérénité, une beauté égarée. Le visage de la Lilette, comme martyrisé, conservait les traces du combat. Elle avait eu honte que son organisme puisse être bouffé par... par toute cette merde. Cela ne lui plaisait pas de se montrer dans cette situation, et elle s'est décidée à lutter, à refuser sa misère physique. Elle avait un regard fixe, obstiné. Elle ne se battait pas contre la mort mais contre le pourrissement, l'engourdissement.

Eh bien voilà, la Lilette est morte, et je n'arrive pas complètement à être triste. Toi, le Dédé, tu n'arrives sans doute pas à y croire. Tu n'as jamais eu le sens du définitif, du point final. C'est presque toi qui me fais de la peine, toi tout seul, tout bête, ruminant dans le vide. Tu as toujours ruminé. Je ne sais si c'est le mot exact. Je te revois lancer en l'air des phrases inachevées, des proverbes avortés. C'était une musique bien particulière, une philosophie intraduisible autrement que par des onomatopées résignées, presque désenchantées : « Mouaif ! C'est que Oufff, Oh là là bien sûr, bah alors... » A ces moments de ruminations solitaires, succédait une euphorie nocturne, une euphorie disciplinée, intérieure. Ainsi, je te surprenais, au milieu de la nuit, en train de caresser la tôle en murmurant. Tu prétendais qu'elle était plus tendre à la pleine lune. J'étais fier de te regarder travailler, faire corps avec ton métier. Tu étais totalement absorbé, fondu dans la tôle! J'avais l'impression qu'il se passait quelque chose de mystérieux, une secrète alchimie. Quand on t'a fait comprendre qu'on n'avait plus besoin de tôleur-formeur, t'as accepté sans broncher de dégringoler doucement les échelons, d'être sous-employé, de finir par balayer les ateliers, toi l'amant, le troubadour de la tôle. Tu n'as pas eu l'air d'en souffrir dès l'instant où on te foutait la paix. La voilà la grande affaire de ta vie : avoir la paix. Sinon, tu buvais peut-être un peu plus. Un peu trop parfois. A la sortie de l'école, je te voyais sur le trottoir d'en face, la lune dans le caniveau ! Devant tout le monde. Je n'avais pas honte, j'étais plutôt furieux que l'on puisse savoir quelque chose de nous, de notre famille. Tu nous avais tellement habitués à faire comme si l'on n'existait pas, comme si nous étions invisibles. Alors, tout ce déballage sur la place publique.

A la maison, tu pouvais rester des heures sans bouger, sans rien faire, emmuré dans le présent, l'instant qui passe. Tu t'absentais, absorbé par des détails, par une mouche en train de voler autour de la lampe, à te demander ce qu'elle allait bien pouvoir faire, si elle finirait par se poser. Je te voyais dépenser des tonnes d'énergie dans le présent. Je te voyais prisonnier, pris en otage. Tu avais peu à peu abdiqué, échappant à l'angoisse de la mort et du temps qui passe en passant avec le temps, en te recroquevillant tel un nouveau-né dans chaque seconde. Tu étais comme à l'intérieur d'une bulle étanche, un sas, un sablier. Autant te dire que cela me foutait les boules à la longue, que je me suis barré le plus vite possible pour éviter d'être changé en statue de sel.

J'étais loin d'imaginer que ces après-midi arrêtés me serviraient pour mon métier. Car un comédien doit jouer le présent, il doit être la situation, confondu avec le présent du rôle. Il doit rompre la distance le séparant de son personnage. Il existe une poésie du présent qui ne sombre jamais dans les facilités du naturalisme. Dans *Loulou*, je n'étais pas seulement entre les bras d'Isabelle Huppert, mais dans le papier peint de la chambre d'hôtel, dans le bois du lit. Il faut savoir se laisser prendre, posséder par l'instant. Si l'on cherche à composer, à « acter » c'est foutu. On dérange l'ordre naturel des choses, le cours du temps. Il faut savoir cette humilité nécessaire qui consiste à n'être qu'un élément du tableau, dissous dans le moment présent. Cette modestie, c'est aussi l'éternité du rôle, c'est Michel Simon dans *Fric-Frac*.

Surpris Dédé. Malgré toi, tu as tout de même été un modèle. Ah, bien sûr, tu ne m'as jamais dit un soir, à la veillée, en me fixant droit dans les yeux, la main ferme sur l'épaule : « Tu seras un homme, mon fils ! » Tu ne m'as jamais rien imposé, je n'ai jamais reçu de leçons, de conseils. Je n'aurais pas aimé d'ailleurs. Un père, je n'en voyais pas l'utilité, l'usage. C'est fait pour les enfants, et je n'ai pas eu le temps d'en être un. S'il t'arrivait de jouer à l'autoritaire, il fallait réellement que je tienne ma canne à pêche n'importe comment. Là, tu gueulais !

Beaucoup plus tard, les pères n'ont pas manqué. Tout le monde voulait m'adopter : Gabin, Montand, Truffaut pour qui j'étais un peu son enfant sauvage ! J'ai souvent craint d'être un mauvais fils. Avec Francis Veber, je me suis senti terrorisé à l'idée de le décevoir, de ne pas correspondre à ce qu'il attendait de moi, de trahir sa confiance. Une chose me vient à l'esprit, mon Dédé. Je ne t'ai jamais vu juger personne, dire une seule fois du mal de quelqu'un. Tout au plus, je t'entendais parfois soupirer un grand coup : « Ouaff ! » Et l'on n'en parlait plus.

Maintenant que notre Lilette est morte, je sais que tu dois ruminer indéfiniment en lançant de grands gestes vers le Ciel. Je sais que tu ne pleures pas. Mais il va me falloir beaucoup de lâcheté pour oublier que tu es seul désormais, pour ne pas penser qu'en ce moment tu es peut-être en train de regarder absurdement une mouche en train de voler autour d'une lampe.

à François Périer

Mon François,

Il y a longtemps que je voulais t'envoyer cette lettre. Il s'agit en fait d'un mot de remerciement. Tu m'as évité beaucoup d'erreurs, tu m'as fait gagner beaucoup de temps. Je connais ta mémoire. Tu y es très attaché. Je n'ai pas oublié tes petites fioles, tes sirops, tous tes gris-gris. Tu as si peur qu'elle s'évanouisse ta belle mémoire. Cela ne te sera donc pas difficile de revenir quelques années en arrière, à Strasbourg, autour d'une table, dans une brasserie proche de la cathédrale.

Il y avait des escargots, du vin blanc, toi et moi. L'essentiel, en somme! Nous avons beaucoup parlé, beaucoup bu. Nous étions soûls, nous étions gais. Je m'étais trompé sur toi, complètement foutu dedans. Dans ma petite tête, tu correspondais à une idée un peu bourgeoise de l'acteur, l'idée d'un fonctionnaire du théâtre allant son bonhomme de chemin, en trottinant d'une pièce à l'autre. J'ai découvert, ce soir-là, un homme arrivé au sommet de son art, qui s'exprimait aussi simplement que ces grands savants évoquant leur science. Tu étais sûr de toi, tu n'avais pas besoin de t'imposer aux autres, de leur coller à la tronche ta sagesse ou ton expérience. Tu m'écoutais. Tu m'écoutais comme si je pouvais t'apprendre quelque chose. Ton esprit tournait à mille à l'heure, tes réactions étaient celles d'un jeune homme. Je n'ai jamais rencontré un acteur aussi frais, aussi juvénile que toi. Tu es un véritable radar, attentif à tout ce qui bouge. Tu as appartenu à une génération magique du cinéma. En face de toi, je reniflais le parfum, l'audace d'une époque. J'admirais aussi les exigences de cette époque : la langue, l'articulation, le culte des mots. Ce qui ne vous empêchait pas la fantaisie, la débauche, la démesure. Aujourd'hui, il faut bien reconnaître que cela manque singulièrement de panache, de tempérament à la Michel Simon ou à la Jules Berry. On ne croise pratiquement plus de flambeurs sur les plateaux, mais le plus souvent des petits comptables archisérieux, mégotant avec leur image, leur fonds de commerce.

Quand nous sommes sortis du restaurant, il

s'est mis à neiger. J'ai senti que tu avais très peur de tomber. Tu fixais avec inquiétude tes petites pompes. Tu t'es accroché à mon bras. Il n'y avait pratiquement plus un chat dans les rues. Brusquement, j'ai eu l'impression d'être Tartuffe aidant Orgon à rentrer chez lui. Tu étais à ma merci, raidi par la crainte de faire un faux pas. Tu ne pouvais plus te passer de moi. J'avais terriblement envie de te protéger, de te gouverner. Quelques semaines plus tard, je suis allé te voir jouer *Mort d'un commis-voyageur*. J'ai été irradié par une lumière. Après cinquante ans de carrière, tu rencontrais un personnage. Tu donnais l'impression de débuter, d'être vierge. Le héros de Miller te ressemblait comme un frère. C'est un homme qui ne peut vivre sans raconter des histoires. Tu adores dire que tu es un menteur. La mythomanie est chez toi une forme de refuge. Le jeu du mensonge, c'est ta vérité. Jamais tu n'aurais pu interpréter ce rôle si tu ne revendiquais pas ce mensonge. C'est un sentiment très russe. On le trouve chez Dostoïevski et Tchekhov. Pour pouvoir éprouver leur douleur, ils ont besoin de la raconter. « Je suis ruiné... je suis perdu... je vais mourir... » Seulement quand ils disent ces choses-là, ils le pensent vraiment.

Pendant la pièce, j'ai compris, grâce à toi, qu'il fallait arriver sur scène comme s'il s'agissait du dernier acte, de la dernière représentation. Il faut alors regarder autour de soi, convaincu que dans deux heures on ne sera plus là, qu'il ne reste plus qu'à tout donner, à offrir ses derniers instants de vie aux spectateurs. C'est le miracle que tu renouvelles chaque soir, celui des origines, celui du temps de Molière.

au Président, nom de Dieu!

Monsieur le Président,

Nous devions être en 1978 car je jouais au théâtre *Les gens déraisonnables sont en voie de disparition*. Je ne sais plus qui m'a parlé d'une soirée, une soirée politique organisée par Jack Lang dans le septième arrondissement. Je me dis : « Tiens ! Je vais aller me boire un canon là-bas, peinard. »

Je débarque dans un superbe appartement, dans une ambiance hypermondaine mais décontractée, pas du tout cancanière. Je file discréto vers la cuisine pour aller me chercher un petit verre. D'un seul coup, j'entends un brouhaha : « L'ascenseur est coincé... L'ascenseur est coincé... » Je me pointe, très force tranquille : « Bah... c'est rien... Je vais vous le décoincer votre ascenseur. » Et je prends un balai. C'était un ascenseur avec une cage en fer. J'appuie sur une espèce de cliquet, j'appuie et hop! l'ascenseur remonte. J'ouvre la porte : Vous étiez là, avec Danielle, votre épouse, et Christine Gouze-Rénal. Depuis, vous avez continué à monter, monsieur le Président.

Quand on vous voit la première fois, on a l'impression d'un homme extrêmement humain. Vous regardez réellement les gens. On est touché par votre intelligence, votre fragilité physique, de l'extrême douceur plutôt. Il n'y a pas de gestes brusques chez vous, de rigidité, de raideur. Il y a de la modestie dans vos mouvements, cette économie. Vous êtes un prince qui en marchant, sans un mot, peut amener les autres à suivre son pas. Votre démarche est apaisante, on ne s'agite pas autour de vous. Vous êtes un homme de paix. Vous savez, vous me faites penser à Françoise Dolto avec ses enfants!

Vous vous êtes assis à table, juste en face de Gilles Sandier, le critique théâtral du *Matin*, un bon géant avec une belle culture, une belle humanité. Je me suis approché de vous. C'est sorti tout seul :

— Je vous admire beaucoup.

— Mais moi aussi, je vous admire beaucoup.

Ce fut tout, mais ce fut bon.

Il y a quelque temps, je suis allé vous entendre à votre grand meeting à Rennes. Je me

36

demande où vous puisez une telle énergie. Il faut pouvoir être capable de recevoir pendant deux heures les ondes de 20 000 à 30 000 personnes. Il faut tenir le choc. Avec Barbara, au Zénith, devant 6 000 personnes, j'avais déjà l'impression de soutenir un siège. Durant cette campagne, vous étiez dans un rare état de bonheur, de plaisir. Vos adversaires ne vous avaient pas fait de cadeau. Il était question d'un vieil homme aux attitudes de Sphinx, figé par sa tâche, préoccupé par son immortalité. Ils ont eu soudain affaire à l'orateur inégalable, doué d'une agilité de mousquetaire, d'un humour dévastateur. Je me demande d'ailleurs comment vous faites, comment les hommes politiques font pour résister à toutes les attaques, tous ces coups bas, ces saloperies, il n'y a pas d'autres mots. Il y a sans doute un destin particulier, quelque chose de métaphysique, d'écrit. Tous les présidents de la République sont désignés. Quand je marchais près de vous, je ressentais physiquement votre charisme. Il n'y avait pas de doute, je marchais bien aux côtés du chef de la France, de l'homme voulu, choisi par... par Dieu, tant pis si je passe pour une midinette !

On dit que vous êtes rusé. Un homme politique doit l'être. Il l'est par nécessité. Il doit développer sa ruse pour survivre. Mais si vous n'étiez que rusé, vous ne seriez pas arrivé où vous en êtes. Je vous connais peu mais je pourrais parler longtemps de vous, de vos talents de conteur. Vous m'avez fait faire, en deux ou trois évocations, un voyage à travers la guerre. Vous m'avez fait vivre votre traversée de la Manche sur un « petit bateau » avec le père de Jane Birkin. Vous m'avez surtout raconté cette histoire terrible, cette visite d'un camp de prisonniers après la guerre. Vous passiez devant un charnier humain quand soudain vous entendez un murmure insistant : « François... François... » C'était Robert Antelme, premier mari de Marguerite Duras, enseveli sous les cadavres, tenu pour mort.

Vous êtes quelqu'un avec qui l'on n'a pas besoin de briller, de se faire valoir. Vous vous adressez directement au cœur des gens. Il y a deux façons de transporter une foule. On est une pop-star à la Michael Jackson, ballotté d'un concert à un autre dans son caisson, soulevant son public à travers une idée christique de l'homme, lié au sacrifice et à la souffrance. Et il y a la vôtre. C'est une communion, un partage, un échange presque amoureux. Avec cette lettre, on va penser que je suis le directeur de campagne du parti socialiste. Mais je ne fais pas de politique. Il faut être franc : je n'y comprends rien ! Malgré tout, si j'étais un homme de droite, je serais une star, avec des ambitions impérieuses, toutes sortes d'ambitions comme de vouloir le pouvoir, tout diriger, faire qu'il n'y ait que moi. Je déteste les one man show, porter un film seul, sur mes épaules. J'aime bien qu'on lise plusieurs noms sur l'affiche d'un film.

J'ai mieux connu votre épouse, Danielle, à Venise, lors de la présentation de *Police* au festival. J'étais sur le vaporetto avec elle. Aussitôt, les photographes nous mettent en joue.

— J'ai horreur des photos, me dit-elle, je ne suis pas bien sur les photos.

— On s'en fout des photos !

— Quand je ris, je ne m'aime pas...

— Hé bien, y'a qu'à pas rire !

— Ils vont croire que je fais la gueule.

— Alors, on n'a qu'à sourire !

Danielle a un regard d'une franchise rare. Elle a des passions de jeune fille. On ne sait pas assez tout ce qu'elle fait pour le tiers monde, l'Afrique. Danielle, c'est un amour de jeune fille.

Lorsque j'ai fait, il y a quelques mois, mon tour du monde, monsieur le Président, j'ai pu me rendre compte à quel point vous êtes aimé, vous êtes synonyme de justice. Je suis heureux d'avoir rencontré un homme comme vous, d'être votre contemporain. Vous êtes quelqu'un qu'on aimerait avoir pour père, pour grand-père, pour... pour Président nom de Dieu !

à Bertrand Blier,

Mon cher Bertrand,

« Un metteur en scène est toujours seul. »
Je l'entends encore cette phrase, ce leitmotiv.
Tous les matins, tu arrivais sur le tournage
des *Valseuses*, la mallette à la main et la pipe
au bec, n'adressant la parole à pratiquement
personne. « Un metteur en scène est toujours
seul », répétais-tu. C'est fou ce que cela pouvait me faire mal. « Qu'est-ce que tu racontes
comme connerie. Un metteur en scène n'est
pas toujours seul. On est là, nous, on est
bien. »
Aujourd'hui, je me dis que cela a dû être un
cauchemar pour toi ce film. Avec Patrick, on
était deux insolents, deux déconneurs. Tout
ce que l'on pouvait nous dire nous passait
au-dessus du cigare. On sentait bien parfois
qu'on était maladroits, un peu couillons, mais
on continuait de « plonger » malgré tout. Il

41

s'agissait aussi d'un des premiers films de Bruno Nuytten. Bruno était comme nous, sauvage et féroce, avec beaucoup de choses à prouver. Tout cela faisait une drôle d'ambiance sur le plateau. Il ne faudrait pas non plus oublier les producteurs qui débarquaient sans prévenir. Là, tu ne perdais pas ton sang-froid, tu demandais carrément à toute l'équipe de faire semblant de roupiller !

Tu étais un peu comme la presse voulait absolument te décrire : austère, très réservé, introverti, le genre clergyman. Entre toi et moi, il y eut au début ce que les journalistes sportifs appellent « une opposition de style ». On était loin de se douter de l'invraisemblable succès des *Valseuses*. Cela nous est tombé dessus, je dirais, presque en traître. Il y a des triomphes assassins, si puissants qu'ils ne peuvent pas avoir de lendemain. J'ai eu la chance d'avoir à cette époque ma période italienne avec Bernardo Bertolucci et Marco Ferreri. En France, j'aurais peut-être volé en éclats, gonflé prématurément par la critique et le box-office, un peu comme ces footballeurs « montés » trop tôt et trop haut, ensevelis sous l'argent et les louanges.

De ton côté, l'échec commercial de *Calmos* fut dur à avaler. On se rend compte maintenant que le film était superbement écrit, mais qu'il était simplement en avance. Presque un film d'anticipation! De toute façon, tu as toujours précédé le convoi. Tu es en avance sur la société, la nature humaine, tu es un éclaireur. Il y a beaucoup de comédiens qui rêvent de travailler avec toi mais qui « décrochent » à la lecture du scénario. Ils ne comprennent pas, ils sont déçus. Ils ont dix longueurs de retard, oui! Il faut avoir fait un sacré bout de route avec toi pour pouvoir tenir ton rythme. Il faut être un sacré sportif de l'âme.

Quand tu m'avais demandé de jouer Raoul, le moniteur d'auto-école de *Préparez vos mouchoirs*, Raoul qui veut donner le permis à tout le monde, qui aimerait tellement que tout le monde conduise, je me suis mis subitement à faire du vélo comme un dératé. Je m'étais dit que ce Raoul devait avoir un cœur gros comme ça, un cœur de coureur cycliste. Les cyclistes et les boxeurs sont les gens les plus courageux du monde. Ils peuvent endurer le martyre, dégueuler sur eux, prendre tous les coups, des fringales terribles sans se plaindre. C'est la générosité même. Un cœur de champion, c'est aussi beau qu'un cerveau de savant! Et moi je m'étais dit qu'avec mon entraînement, avec mon beau cœur tout neuf, je ne me ferais pas larguer! Mais, bon Dieu, Bertrand, quand tu mets le grand braquet, faut suivre. Le problème, c'est que t'es toujours sur le grand braquet. T'en connais pas d'autres.

De l'avance, t'en as toujours eu. Les fées se sont penchées sur ton berceau. C'étaient les copains de ton père, les fées, c'étaient Louis Jouvet, Paul Meurisse, François Périer, Harry Baur. C'étaient des pointures, des énormes camionneurs avec toute la fantaisie et la tendresse du monde. Je ne peux pas m'empêcher de penser que tes yeux d'enfant ont été éclairés par ces gens-là, que tu as dû voir des choses extraordinaires, entendre des dialogues inédits, les plus beaux dialogues de l'histoire du cinéma.

Chez toi, il y a l'ordre et la musique. Tes scripts sont propres, nets, extrêmement soignés jusqu'à un degré pathologique. Ce soin, c'est aussi de la superstition, ton gris-gris. Tu es quelqu'un de persécuté par sa propre exigence, par son talent. Tu es le Van Gogh du script, avec sa part de violence et d'« oreille coupée ». Le mythe s'arrête là. Pas d'alcool, pas besoin d'expédients. Non, tu t'attelles devant ton bureau et tu n'en décolles plus, jusqu'à ce qu'il cède. Tu te cognes avec ton talent. C'est une méchante baston. Je n'ai d'ailleurs jamais rencontré un auteur digne de ce nom qui n'ait pas de mal, pour qui cela ne soit pas douloureux. Je sais que Claude Zidi écrit dans les bistrots, au milieu des gens, pour oublier l'écriture.

Tes personnages sont mélancoliques, énergiques, voyeurs et lyriques. Ils sont transparents. On voit tout. C'est la nudité de l'âme. Je ne connais pas un auteur qui écrive aussi précisément, avec autant d'exactitude sur les comportements et la nature humaine que toi. Tu retranscris l'âme humaine avec la clarté d'une partition de solfège. Tu nous mets en notes! Tu es aussi important que Stanley Kubrick lorsqu'il fait *Shining*. *Shining* n'est pas qu'une belle histoire sur la folie, on nous montre d'abord l'angoisse. Il y a ceux qui écrivent des livres et ceux qui nous montrent le livre.

Certains te reprochent de ne pas savoir finir tes films. Mais tu ne veux pas que tes films finissent! Tes héros n'ont pas de fin. Y'a rien de plus con qu'une fin! C'est un accident de la route, c'est une voiture qui se précipite à 250 km/h contre un mur parce que le film doit durer 1 heure 30 ou 50. C'est très cruel, une fin. Quand mon personnage meurt dans un film, je ne suis qu'un acteur qui doit mourir à la fin de son rôle. Mais s'il vit?

Dans ton prochain film, *Trop belle pour toi*, tu dépasses ta pudeur, ta honte peut-être. Tu ne te réfugies plus derrière ton verbe, tes monologues crus et spectaculaires. Tu racontes une histoire au premier degré, au premier degré de l'amour. C'est un homme que son bonheur angoisse, terrorise. Il est marié à une créature de rêve, il a deux enfants merveilleux et un boulot impeccable. Et brusquement il tombe amoureux de Josiane Balasko. Il ne sait pas pourquoi, mais c'est un attachement qui vient de très loin. On découvre toute la complexité d'une passion, le tumulte qu'elle provoque. C'est lyrique et drôle. Josiane est dans le métro. Elle parle soudain à un type, juste en face d'elle :

— J'ai fait l'amour pendant trois heures. J'ai encore mal à la nuque.

— Mais pourquoi vous me dites cela à moi ?

— Parce qu'amour-cadeau-partage.

Cette petite scène, je me la joue dans ma tête... Tu ne sais pas à quel point, je pense à toi, Bertrand. Je te protège comme je peux, je suis toujours là quand tu as besoin de moi. Tu es quelqu'un à qui on n'a pas le droit de manquer.

Après ça, essaie un peu de répéter qu'un metteur en scène est toujours seul !

à Isabelle Adjani,

Ma chère Isabelle,

J'ai rasé ma barbe ce matin. Maintenant, il faut que je maigrisse. Tu vois, Rodin s'éloigne... Au sens propre, je me désincarne. Je me sens vide, vidé. Dans cet état de dé-sœuvrement, d'entre-deux rôles, je risque tout. Je m'accroche à l'idée de perdre du poids, d'être prêt pour le prochain film. Rodin s'est défendu pied à pied, pendant plusieurs jours, avant de vaciller sur son socle. Je vacille...

Comme ces chevaliers du Moyen Age roulant sous la table le soir d'un tournoi, j'ai besoin d'une ripaille flamboyante, d'une cuite salvatrice. Il me faut cette violence, cette déflagration. J'éclate, je m'émiette. Oui, c'est le mot, je m'émiette.

Toi, Isabelle, tu es une guerrière, toujours en éveil, prête à recevoir l'ennemi. Tu as régné sur le tournage de *Camille Claudel*. Tu portais depuis longtemps ce film en toi. Je tournais encore *Sous le soleil de Satan* quand tu es venue m'en parler pour la première fois. Tu es entrée sans prévenir dans cette petite auberge d'un autre temps, tenue par deux patronnes confites par l'alcool, grandes gueules sympathiques. Il émanait de toi quelque chose de surnaturel, d'impalpable, une sorte d'énergie spirituelle. C'était une apparition. Je portais — c'est vrai — la soutane de l'abbé Donissan. On devinait en toi une énergie farouche, indomptable, presque anthropophage! Tu étais venue derrière tes grandes lunettes noires me proposer d'être Rodin. A ce moment, le compteur de la ville de Montreuil a explosé! Nous avons continué notre conversation à la bougie. C'était une rencontre magique. Notre deuxième rencontre.

Nous avons bien changé depuis *Barocco*. A l'époque, nous étions deux monstres, deux planètes arides, inhabitables. Tu étais naïve, introvertie, affreusement lucide. J'étais lourdaud, extraverti, bruyamment obscène. Quand je suis arrivé à Amsterdam pour rejoindre l'équipe d'André Téchiné, j'avais envie de te séduire comme un gros con, envie de forcer ta sympathie, de m'imposer à toi. Je n'avais jamais rencontré une femme dans ton genre. Pour moi, tu étais Ondine, l'Ondine de

Giraudoux, l'Ondine dont je me voulais le spectateur privilégié, unique, ton spectateur.

« Je m'appelle Ondine, je m'appelle Hans
Hans et Ondine
Non, Ondine et Hans
Ondine, c'est le titre. »

Le lycée de Châteauroux portait d'ailleurs le nom de l'écrivain. Un signe. Il y eut entre nous une séduction brute et enfantine, une joute. Mais nous étions tous deux à l'état d'ébauche. Ton intelligence exacerbée, je dirais impitoyable, comprimait tes chairs, tes élans. Il t'arrivait d'avoir de brusques angoisses éruptives, cette maladie profonde de l'âme qui consume le corps, qui est le propre des grandes actrices. On voyait bien que tu avais un destin au-dessus de toi, que tu vivais au-delà du quotidien, qu'il te faudrait aussi beaucoup de temps pour t'y habituer. Nous avons finalement passé ce tournage dans le silence et la rétention. Nous nous sommes croisés. Si notre baiser de *Barocco* fut oppressant, secoué par une mauvaise violence, impatient et stressé, celui de Camille Claudel et Rodin avait mûri, chaud et abandonné. Nous étions devenus Camille et Rodin.

Je t'ai admirée, enviée, Isabelle, pendant ces quelques semaines de tournage où tu nous a mis au monde, à jour. Cette fois-ci, j'étais de ton côté, du côté de la femme où je retrouvais cette complicité propre aux gens du même sexe. Oui, du même sexe, oui, oui. Je préfère être du côté de la femme, tout à côté plutôt que tout contre. Le sexe condamne souvent les relations entre hommes et femmes à des trognons d'histoire. La sexualité est l'anecdote du désir. Je déteste la femme qui me renvoie à une image de partenaire. Il y a dans le sexe quelque chose de sordidement adulte qui m'évoque le costard et la mallette. S'il doit exister quelque chose de physique, je songe d'abord à cette scène où Rodin, lors de la séance de pose des *Danaïdes*, découvre le dos de Camille, un dos blanc et lisse comme du marbre. Je songe ensuite à l'instant où Camille apprend à Rodin qu'elle est enceinte de lui : « Tu touches mon ventre, et tu ne t'es même pas aperçu qu'il était gros. » Je songe enfin, Isabelle, à ces moments où tu voyais sur le plateau ce que je voulais faire sans y parvenir, à bout de fatigue et d'inspiration, et que toi seule arrivais à expulser de moi, à sauver.

J'ai envie d'avoir ta force Isabelle, de te ressembler, si forte malgré tes attaches fines. Quand une rumeur assassine s'est abattue sur toi, tu as fait front. Dans certaines tribus africaines, quand le Mal est aux portes du village, on sacrifie la plus belle jeune fille de la tribu pour apaiser la colère du Démon.

Pour conjurer la peur de l'épidémie, l'opinion publique a voulu un sacrifice.

Tu es une femme préhistorique, riche de ses grands instincts quand l'homme, amputé, coupé de son animalité, est un bipède moribond, malade de l'humanité. Si Rodin a pu vivre, sculpter, c'est en s'alimentant des forces vives de Camille, ne lui laissant en partage de leur passion que la folie, un amour épuisé.

Tu vois, Isabelle, j'ai rasé ma barbe ce matin, et j'ai du mal à m'en remettre.

Cher emmerdeur,

Le travail est un mot trop grave. Il y a des expressions populaires qui ne pardonnent pas : « Mourir au travail », « Se tuer au travail ». Il s'agit toujours de descendre avec le travail, d'aller à la mine.

On repère tout de suite les gens qui sont des « travailleurs ». Ils n'ont pratiquement plus de vocabulaire, ils ont perdu la parole. Le travail vous éloigne de vous-même, vous endort. Cela commence très tôt. Dès l'enfance on vous colle vingt ans de tôle à l'âge où l'on est plein de rêves, d'imagination, de désirs. Il n'y a pas longtemps, j'ai demandé à une petite fille merveilleuse ce qu'elle voulait faire plus tard. « Je voudrais être comptable. » Elle voulait être comptable ! J'ai senti sur elle l'ambition des parents, des grands-parents, du grand-oncle, tout l'arbre généalogique lui était tombé sur la gueule à cette pauvre gosse. « C'est pas possible, tu ne peux pas être comptable. » Le travail est bien ce qui vous rend adulte, domestique le génie de l'enfance, l'assassine. J'ai lu que dans certains pays, on envoyait des mômes de huit ans travailler dans les mines. Mais je crois que l'école, c'est pire encore. Les premiers se démerdent, survivent. A l'école, le travail est totalement abstrait, gratuit, et les pauvres mômes ne sont même pas rémunérés. J'accuse ! On leur vole le meilleur de leur vie, on leur coupe les pattes au moment où ils sont les plus créatifs. Le travail, c'est bien ce qui va contre vous-même, contre votre nature. C'est comme lorsqu'on vous oblige à prier alors qu'on n'en a rien à foutre. Il faut quand même rester à genoux et dire « amen ».

Lentement, le cartable devient une mallette, le short s'allonge, se transforme en costard. L'enfant est mort. Le soir, le mec rentre chez lui : « Non, je ne mange pas. Je suis trop fatigué. J'ai trop travaillé, je vais me coucher. » Il n'a pas trop travaillé, il s'est fait brimer dans son travail. On lui a peut-être filé un blâme si cela se trouve ! Après ça, on n'a plus envie de rien. On n'a plus envie d'aimer. Le travail vous empêche d'être un homme en vous donnant le costard d'un homme. Ce sont des humiliations quotidiennes. On vous file des rendez-vous avec des gens qu'on n'a pas envie de rencontrer. La rencontre, c'est l'envol, le voyage. Le travail vous fixe, vous cloue, vous visse à un socle. Le salaire, c'est l'exécution capitale. On est condamné au smig, à 8 000 francs, à 15 000 francs par mois. Parfois, on doit se dire qu'on ne vaut pas grand-chose. On est rapetissé par une fiche de paie. Aucune échelle sociale ne monte au ciel.

On dit que je suis boulimique, que je suis un vrai bourreau de travail. Mais je n'ai jamais su ce que c'était le travail. Je ne me suis jamais senti en train de travailler. Je n'ai pas de carnet, je ne note pas. J'ai un emploi du temps du cœur. Je n'oublie pas où je dois aller, mais surtout qui m'attend. Je suis dans le désir des autres. Je me suis depuis toujours arrangé pour être désirable. J'ai toujours rêvé d'être le désir, c'est le contraire du travail. Je n'ai pas l'envie de parvenir, d'arriver. Je n'aime pas les fins, je n'aime pas les retraites. Pour un acteur l'idée d'une carrière est ce qui l'empêche d'être un acteur ! Et il n'y a rien de plus con que la performance. On ne peut pas réaliser 9″9 au 100 mètres à chaque course.

J'ai eu la chance de ne pas avoir de « famille », d'avoir seulement une Lilette sauvage et un Dédé apache. Ils n'ont pas fantasmé sur moi. Je n'ai pas été programmé, déterminé. Julie et Guillaume, mes enfants,

j'essaie — Dieu sait que parfois c'est dur! —
de ne jamais toucher à leur rêve, j'essaie
seulement de les aimer.

Maintenant, amusez-vous à regarder la définition du mot travail. Cela vient du latin
trepalium, instrument de torture. C'était exactement une machine faite de trois pieux. Je
vous lis la définition : « Appareil servant à
maintenir les grands animaux domestiques
pendant qu'on les ferre ou les soigne. »

Eh bien, moi mon pote, je ne suis pas un
grand animal domestique. Je suis un animal
tout court, un animal qui mord si jamais
quelqu'un essaie un peu de le ferrer. On appelle ça un Depardieu.

C'est ma définition.

à Patrick Dewaere

Cher Patrick,

En ce moment, on n'arrête pas de nous bassiner avec l'anniversaire de mai 68. Vingt ans après. Après quoi ! Une émeute de jeunes vieux cons, voilà ce qu'on pensait tous les deux, des batailles de boules de neige...

Cette drôle de révolution aura au moins permis de changer les uniformes des flics, et à Bertrand Blier de tourner *les Valseuses* ! Ce fut un véritable pavé lancé à la vitrine du cinéma français. Avec Miou-Miou, nous avions fait sauter les derniers tabous.

Les Valseuses ! C'était notre bohême à nous, un temps que les moins de vingt ans ne peuvent pas connaître. Qu'est-ce qu'on a pu faire chier Bertrand sur ce coup. On ne dormait pas, on débarquait au petit matin sur le plateau avec des têtes de noceurs, de débauchés. On était heureux comme des cons, comme des enfants faisant l'école buissonnière. C'était de la grande voyoucratie, un mélange d'inconscience et d'insouciance. On piquait la D.S. et en avant la corrida nocturne. C'étaient de drôles de nuits. On avait l'impression de travailler, d'étudier nos rôles, de répéter pour le lendemain. Ben voyons!

Je t'ai toujours connu écorché vif, grand brûlé. Pendant le tournage en province des *Valseuses*, nous dormions dans le même hôtel. Un soir, j'étais péniblement en train d'essayer de trouver le sommeil en me tirant l'élastique quand j'entends soudain des gémissements, des plaintes. Je n'arrivais pas à déterminer d'où cela venait. Cela n'arrêtait pas, les grandes eaux. Puis, d'un seul coup, la porte de ma chambre a littéralement explosé. Je te revois devant moi, complètement allumé, exalté et les yeux ronds. Là, tu bredouilles une pâle excuse :

— Je croyais qu'elle était avec toi.

— Mais qui?

— Miou... Miou-Miou. Je pensais qu'elle faisait l'amour avec toi.

Les gémissements, les plaintes, c'était toi. Tu pleurais, tu te faisais du mal dans ton coin. Tu t'étais noyé dans un chapitre des *Valseuses*. Comme Romy Schneider tu confondais ta vie et le métier d'acteur. Tu supportais mal les duretés de ce milieu. Tu étais sensible, sans défense, presque infirme devant le monde. Je te voyais venir avec toutes ces mythologies bidons autour du cinéma, de James Dean ; cela te plaisait, ce romantisme noir et buté. Tu la trouvais belle la mort, bien garce, offerte. Il fallait que tu exploses, que tu te désintègres. Tu « speedais » la vie. Tu allais à une autre vitesse, avec une autre tension. Ce n'est pas tellement que tu n'avais plus envie de vivre, mais tu souffrais trop, de vivre. Chaque jour, tu ressassais les mêmes merdes, les mêmes horreurs dans ton crâne. A la fin, forcément, tu deviens fou. Dans *Série Noire*, tu te précipitais la tête contre le pare-brise de ta voiture. J'ai toujours mal en repensant à cette scène. J'ai l'impression d'un film testamentaire. Tu te débats, tu te cognes contre tous les murs. Il y avait l'agressivité désespérée, l'hystérie rebelle de *Série Noire*. Il y avait aussi la résignation accablée du *Mauvais Fils*. Ces deux films, c'est toi.

Tu hurlais tout le temps sur un ton aigu et parodique : « Un jour, je me ferai plomber, c'est pas possible ! » ou encore : « On ne va pas se laisser faire, dis, on ne va pas les laisser nous enculer. » On ! On, c'était tout le monde. Tu avais peur de tout. Je te le dis maintenant sans gêne et sans en faire un drame, j'ai toujours senti la mort en toi. Pis, je pensais que tu nous quitterais encore plus vite. C'était une certitude terrible que je gardais pour moi. Je ne pouvais rien faire. J'étais le spectateur forcé de ce compte à rebours. Ton suicide fut une longue et douloureuse maladie. Quand j'ai su que c'était fini, je me suis dit : bah oui, quoi. Rien à dire. Je n'allais tout de même pas surjouer comme les mauvais acteurs. Et puis je te l'avoue, moi, bien en face, je m'en fous. Je ne veux pas rentrer là-dedans. Je suis une bête, ça m'est égal, la mort connais pas. Je suis la vie, la vie jusque dans sa monstruosité. Il ne faut jamais faire dans la culpabilité, se dire qu'on aurait dû, qu'on aurait pu. Que dalle. Il y avait un défaut de fabrication, un vice, quelque chose de fêlé en toi, Patrick.

Quand j'ai perdu ma mère, cela m'a fait un drôle de truc. Mais je n'ai pas non plus pleuré, je ne me suis pas apitoyé. Les gens me disaient : « C'est après, tu vas voir après. » Eh bien après, je n'ai rien vu. La Lilette, c'était simplement une mère. Il y avait de l'amour et de la colère entre elle et moi. Depuis qu'elle n'est plus là, j'ai l'impression d'une présence plus grande. Je pense à elle, je dialogue avec elle. Vivante, je la savais dans un coin et c'est tout. C'est un privilège, une chance inouïe qu'elle soit partie. J'ose l'écrire : j'ai retrouvé ma mère depuis.

Bien sûr, si je perdais Élisabeth, je serais

un handicapé. Je ne sais pas du tout ce que je deviendrais. J'aurais mal là, sur le côté, je ne me soignerais pas, je me mettrais à pencher, et puis je tomberais. Cela sera mon choix. J'ai toujours dit que je ne me laisserais pas emmerder par la mort. La mienne et celle des autres. Je te l'ai souvent dit, Patrick. Malgré tout, malgré moi, je crois que cette lettre, c'était pour te parler de la disparition de mon chat. Il faut subitement que je te parle de lui. Quand il est mort, je me suis mis à chialer comme une pleureuse de tragédie. Je ne pouvais plus m'arrêter de pleurer. Tous les robinets étaient ouverts. J'ai su qu'il allait mourir lorsqu'il a commencé à se coucher ailleurs. Il avait dix ans. Il n'était pas vieux pour un chat. Il s'est couché sous la glycine. A chaque fois que je venais le chercher, il se laissait prendre sans réagir. Il était lourd, lourd de sa maladie. J'étais très frappé par son mal. Je le sentais mais lui ne pouvait pas me le dire. J'avais toujours pensé à un chat en pensant à lui. Un chat est un chat. Quand j'ai pensé « Il est malade », j'ai pensé à un être. Ça m'a fait un mal terrible. Je n'avais pas compris tout ce que nous pouvions nous dire. J'ai juste pu reprendre nos derniers signes : une caresse, un regard, toucher son museau. Il n'y a que moi qui pouvais le faire. J'ai pris sa tête dans ma main, dans mon poing. Il était malade parce qu'il ne disait rien. Il n'avait aucune réaction. C'est là que je me suis rendu compte de ce qu'était l'impuissance. J'ai souffert de mon impuissance par rapport aux êtres vivants. A toi, à la Lilette, à mon chat. Il est mort d'une maladie humaine, il est mort d'un cancer. Je partais à Brides-les-Bains. Je partais maigrir, perdre de la mauvaise graisse parce que j'étouffais et mon chat est mort d'étouffement, d'un cancer des poumons. Je l'ai enterré dans mon jardin.

Le matin, je le retrouvais avec sa tête sur ma poitrine. Dès que je sentais sa présence, j'étais en paix. J'avais ce chat à qui parler. C'est complètement con. On ne peut pas expliquer la complicité. Le chat représente la liberté, ce que tu veux être. Il comprend toutes tes errances, il les suit. Quand tu es en flagrant délit de bonheur, il y a toujours un chat derrière. Dans les films de François Truffaut, quand ses personnages sont heureux, il y a toujours un chat qui passe.

Des moments de paix, d'abandon, nous en avons eu aussi ensemble, Patrick. Un vrai repos des guerriers. Avec toi, j'aurais aimé avoir une aventure. Te braque pas. Pas l'espèce de sodomie à la godille des *Valseuses*. Là, ils font ça par ennui, parce qu'ils en ont marre de déambuler. Les mecs se serrent à force de traîner ensemble. Ils s'enfilent parce qu'ils commencent à douter d'eux-mêmes. C'est le problème de la délinquance mal exprimée. On retrouve toute cette misère, toute cette frustration dans le courrier des lecteurs de *Libération*, dans les récits de taulards.

L'homosexualité, c'est sans doute beaucoup plus subtil que ce qu'on en dit. D'ailleurs, je ne sais pas ce que c'est, à quoi ça ressemble. Je sais seulement qu'il existe des moments. Ils peuvent se produire avec une femme, un homme, un animal, une bouteille de vin. Ce sont des états de grâce partagés.

Ils me font penser à une prise réussie au cinéma. Il y a toujours une part d'irrationnel dans une prise réussie. On travaille des heures, on passe son temps à refaire, à reprendre, à modifier, puis soudain c'est la bonne. On ne comprend pas pourquoi, mais c'est l'éclaircie, c'est la bonne.

Je ne peux pas m'empêcher de penser, Patrick, que si tu n'étais pas parti, c'est peut-être toi que j'aurais embrassé dans *Tenue de soirée*.

à Marco Ferreri

Cher Marco,

Cela avait plutôt bien commencé. J'étais venu à Rome toucher mes défraiements pour le film de Bertolucci, *1900*. On s'est croisés par hasard, dans les couloirs de l'A.P.E.A. Tu étais encore auréolé par le triomphe de *La grande bouffe*. On a discuté le coup :

— Est-ce qué vous êtes téméraire ?

— Oui, pourquoi ?

— J'ai bésoin de quelqu'un qui sé coupe le zizi.

— Ah bon. Et pourquoi, il se le coupe ?

— Parce que sa femme l'a quitté, qu'il é tout seul avec son enfant. Parce qu'il é au chômage.

— Dans ce cas-là, O.K., c'est d'accord.

J'avais bien aimé *La Grande Bouffe*. Il y avait une vraie idée, une idée forte. Ces gens qui se noient dans leurs excrétions, qui meurent d'un excès de tout, au milieu des « vents, des pets, des poums » comme chante Gainsbourg. Il y a toujours une belle idée dans tes films. Maintenant, je te conseille de relire le début de ma lettre avant de continuer, Marco, parce que j'en ai fini des mots doux et des câlins. Maintenant va falloir t'accrocher, Marco. De toutes les façons, cela ne pourra pas être pis que ce que je t'avais balancé dans ce journal italien, *Il Corriere della serra* : « Il est tellement avare qu'il n'arrive plus à chier, et que toute sa merde lui remonte à la tête. » Ce n'était pas très gracieux, c'est vrai, mais je n'imaginais tout de même pas qu'il le publierait. Je ne me suis pas caché pour autant, je n'ai pas changé de trottoir. Je te l'ai répété devant Isabelle Huppert, à l'époque de *L'histoire de Piera*.

Ce que j'ai à te dire finalement, je le dis à tous ceux qui manquent de souffle, de lyrisme, à tous ces gens un peu constipés qui font des efforts terribles, à se faire péter les vaisseaux, pour nous pondre un œuf de Pâques dérisoire. Ce qui m'agace, c'est que tu te complais, tu te vautres dans tes faiblesses, tes défauts. D'abord, tu joues au professeur, tu fais le donneur de leçons, tu prophétises. Tu es persuadé d'être quelqu'un de sulfureux parce que tu bouscules, tu déranges les idées reçues du monde. Mais le monde, il s'en fout, il n'en a rien à cirer de ton soufre. Tu te crois un précurseur, mais moi je te dis que t'as raté le dernier métro, que tu commences sérieusement à être en retard. Ça y est, mon Marco, je suis lancé. Je balance dur, je n'arrive plus à m'arrêter. T'es tout le temps à t'interroger sur l'homme, à dire qui il est, ce qu'il devient dans une société en mutation. Toute cette écologie apocalyptique, cette philosophie un peu *cheap* m'emmerde. Tu t'attaques aux généralités, il vaut mieux s'en prendre aux détails, à la surface comme disait Moravia. Avec tes discours définitifs, tes leçons de choses continuelles, tu me fous le bourdon, tu me donnes l'impression d'être en maison de correction. Sinon, c'est l'analyse sauvage, entre le voyant et la cartomancienne : « L'homme il est comme *ça*, parce que *ça*, *ça* veut dire *ça*. » J'en ai assez des idées. Je ne suis pas déçu de nos films — ils sont bien tes films —, je n'ai pas été déçu parce que je n'ai pas été amoureux de nous.

Attends ! Reste assis ! On n'a pas fini ! Je voulais aussi te dire que tu as une fâcheuse tendance à confondre l'angoisse de porter un film et l'angoisse réelle de la création. Tu te lèves le matin en pensant à ce que coûte le film, aux techniciens, aux charges sociales, aux jours de dépassement où l'on sait qu'on peut multiplier un billet de cent balles par cinquante. A la fin, tu n'avais plus que ça dans la tête, des comptes d'épicier, d'interminables additions dans le crâne. C'est aussi pour des histoires scabreuses de porte-monnaie que j'en ai voulu à Jean-Jacques Beineix. Il est arrivé sur le tournage de *La lune dans le caniveau* avec toute la rancune de la terre. Il avait touché une bouchée de pain pour *Diva*. Je crois qu'il avait palpé quelque chose comme 1 % d'un milliard. Des trucs dans ce genre, cela m'est arrivé des centaines de fois. Je connais des tas de gens qui me doivent encore de l'argent. C'est à eux d'estimer combien je vaux, à combien ils estiment mon amitié. Certains font semblant de ne pas m'avoir vu pour dix briques, d'autres pour cent vingt. Ce sont eux les vrais perdants dans l'affaire. J'ai tout essayé pour calmer Beineix, lui ôter sa rage, lui faire comprendre qu'on était malgré tout en train de tourner un film ensemble. Mais il a été incapable d'échapper à ces histoires de pourcentages et j'ai vite senti que j'étais devenu le pion d'une vengeance.

Bah, voilà ! Je me sens déjà mieux maintenant. Fallait que je me débarrasse de cette mauvaise bile. J'ai pas pu m'en empêcher. Ça part d'un seul coup, sans prévenir. Quand j'ai rencontré François Truffaut, il avait fallu que je lui dise que je n'aimais pas sa « diploma-

tie », que *Baisers volés* m'énervait un maximum. Qu'est-ce que tu veux, Marco, l'homme
il é stressé par son environnement, il n'é plou
en harmonie avec lui-même !

à Jean-Louis Livi,

Mon cher Jean-Louis,

Quand j'ai quitté l'école, quand j'ai commencé à voyager, juste avant d'arriver à Paris, je portais le deuil d'une cour de récréation. Je ne pensais jamais retrouver dans ma vie la saveur d'un copain de classe, un esprit de camaraderie aventureuse. J'étais lourd de ma solitude, embourbé, incapable de communiquer, craintif, toujours à distance. Entre l'école et le monde, je n'ai pas eu d'étapes intermédiaires, je ne suis pas allé dans un lycée ou un pensionnat. Quand j'ai été emporté par « le grand tourbillon de la vie » comme dit Bertrand Blier, je me suis replié, retranché. Je n'ai pas eu de guide ou de vieille maîtresse pour me lancer dans le monde avec une règle du jeu pour m'éviter les retours à la case départ.

Et puis, c'est tout bête, je t'ai rencontré ! Je

suis venu te voir à « Artmedia », rue Marbeuf. Tu disparaissais derrière un immense bureau, un bureau napoléonesque. Je me souviens d'un jeune homme gracieux et rond, au regard doux, avec une voix de velours. Je ne sais pas ce qui s'est passé mais on s'est plu tout de suite comme dans les romans Harlequin. Il y a eu entre nous un dialogue d'enfants perdus, abandonnés, un peu gauches encore, un peu tristes. Je vais te paraître complètement ringard, mais j'ai senti que nous étions de la même famille. Tu avais une odeur d'ami, oui une odeur d'ami, je ne peux pas te la dire autrement.

A l'époque, il y avait trop d'adultes autour de toi, beaucoup trop de personnes âgées. Je voyais tes ailes mais tu étais vissé au sol par un satané boulet : tu étais le neveu d'Yves Montand. Enfin, il y a eu Rome. C'était en 1974. J'ai d'abord débarqué là-bas tout seul pour rencontrer Bernardo Bertolucci. Il avait songé associer à Bob De Niro un acteur soviétique mais cela ne s'était pas fait. Je suis arrivé avec une gueule de film d'épouvante, une gueule cassée, lèvres fendues, arcades et pommettes recousues, œil au beurre noir pour donner un peu plus de cachet. Je m'entraînais sur un ring pour préparer le prochain film de Claude Sautet, *Vincent, François, Paul et les autres*. On s'est assis à une terrasse de café et j'ai été très simple, aussi expéditif qu'un crochet au menton : « Ce rôle, c'est à moi, c'est pour moi. Je vais le faire votre paysan. » Voilà ce que je lui ai balancé au Bernardo ! Nous sommes donc tombés d'accord, puis les ennuis ont commencé. J'ai exigé d'être payé au même tarif que « l'Américain ». A Paris les agents mettaient les freins : « C'est impossible, voyons... » J'ai tout de même obtenu gain de cause mais je me suis aperçu que les autres acteurs roulaient en carrosse et dormaient dans la soie alors que de mon côté je vivais dans un obscur gourbi. J'ai piqué une grosse colère contre « Artmedia », menaçant de les quitter pour aller monter une boîte de production avec Jean-Luc Godard et Jean-Pierre Rassam. Le truc suicidaire. C'est alors que tu es venu me rejoindre, que tu t'es déplacé pour essayer de comprendre, de me comprendre. Rome fut notre lune de miel. Nous avons parlé, parlé et encore parlé. Depuis, nous avons grandi ensemble et notre conversation ne s'est jamais interrompue. Je te téléphone plusieurs fois par jour, je ne peux plus me passer de toi. Quand il m'arrive un mauvais coup, que je me fasse peur à moi-même, je pense aussitôt à Élisabeth, à mes enfants et à toi.

A côté de l'agent, de l'homme de pouvoir, il y a le saltimbanque. Car tu es de notre côté.

Tu t'es mouillé, tu as écrit deux pièces. Dans ta position, il fallait un courage inouï. C'est pour cela que tu as notre confiance, que nous t'appelons aux pires moments, à n'importe quelle heure et dans n'importe quel état. De ton père, Julien, tu as hérité d'une aristocratie naturelle. Il était un grand leader syndical, un homme somptueux. Mais tu possèdes aussi la tendresse, l'angélisme de ta mère. Si tu peux négocier un contrat avec l'implacabilité de ta fonction, tu ne résumeras jamais le cinéma et les hommes à des chiffres. Nous avons signé ensemble des films pour six cents millions ou une caisse de bouteilles de vin. Ensemble, nous pouvons rêver à tout.

à Maurice Pialat,

Mon cher Maurice,

Entre toi et moi, c'est à la vie, à la mort.
Nous sommes comme deux chefs de bande
obligés de partager le même terrain vague.
Nous vivons dans un état de paix fragile. Il y a
eu des guerres, il y en aura d'autres. Tu sais
très bien qu'on ne peut pas s'en passer, que
c'est plus fort que nous. Tu es un taureau, un
vrai taureau de combat. Quand on se rencontre, on entend parfois le bruit des cornes.
Tu peux rire... Je ne sais pas lequel d'entre
nous souffre le plus de nos séparations. Je ne
sais pas qui est le plus jaloux. Et dire que la
jalousie, je ne connaissais pas, je ne croyais
jamais connaître. Et la nôtre, elle est carabi-
née, incurable, intenable. C'est une jalousie
de ventre à ventre, une putain de jalousie qui
ne vous lâche pas, une vraie rage de dent.
C'est peut-être bien toi, après tout, qui as eu

mal le premier. Cela doit être toi qui as commencé, si je puis dire.

On s'était donné rendez-vous au Deauville, sur les Champs-Élysées. Tu étais venu discrètement me voir jouer au théâtre. Tu voulais me proposer quelque chose. Tu avais déjà une sacrée réputation. Coléreux, impossible, certains disaient même que tu étais carrément fou. Je te le dis! Les réputations, moi, cela me connaissait. A Châteauroux, je me trimbalais dans les rues avec, je me prenais les pieds dedans. On ressemble rarement à sa réputation. J'ai toujours eu beaucoup de mal à coller avec ce que l'on disait sur moi!

Tout de suite, on a eu l'air de se plaire. On se parlait facilement comme si l'on avait déjà l'habitude l'un de l'autre. Je n'ai pas eu besoin de composer avec toi, de jouer au mec qui connaît bien son job : « Bon, ouais, qu'est-ce qu'il y a à faire? Ça? O.K., c'est bon, je peux le faire, c'est sans problème. On commence quand? Il y aura beaucoup d'extérieurs?... » De ton côté, tu ne cherchais pas à me « vendre » le film du siècle, à me faire miroiter le rôle d'une vie. Tu avais déjà le goût de l'auto-dépréciation. Plus tu parlais, moins tu le sentais ton film. A la fin, il t'échappait complètement. « Finalement c'est pas ça, c'est pas bon, c'est pas ce que je croyais... » Il s'agissait de la *Gueule ouverte*, un chef-d'œuvre en passant. Et puis il y a eu un problème de date. Bertrand Blier m'a pris pour *Les Valseuses*. Il était venu un peu avant toi. Nous n'avons pas pu travailler ensemble. Philippe Léotard m'a remplacé. Le tournage de *Loulou*, avec ce faux-départ, était déjà commencé, avant même qu'il existe dans ton esprit.

Ce tournage bon sang! Tu me l'as fait payer ma trahison. Je connaissais les coups de boule et les coups de lattes, les poings améri-cains et les chaînes de vélo, cela ne m'a pas empêché d'en prendre plein la gueule! Tu avais l'art de toucher là où ça fait mal, d'in-ciser les névroses à vif, d'éclairer d'une lu-mière crue les faiblesses les plus soigneuse-ment cachées. Chapeau! Alors, évidemment, je me suis défendu comme j'ai pu. A la sortie. C'est un peu ça, je t'ai attendu à la sortie. A la sortie de *Loulou*. J'ai craché ma douleur, ma révolte à la presse. Je ne regrette rien. Ce n'était pas une mauvaise violence. Il fallait que je frappe moi aussi. Mais tu avais bien eu raison de m'envoyer valser dans les cordes. J'étais à l'époque un acteur un peu connard. Cela n'arrangeait rien. J'avais vingt-sept vingt-huit ans, je vivais en roue libre, sur la lancée des *Valseuses*. Je ne me prenais pas pour de la merde. Figure-toi que j'ai attendu deux ans avant de voir *Loulou*. A la projection, j'ai tout compris. Toi aussi sans doute. On aurait bien du mal à se passer l'un de l'autre.

Police fut plus qu'une simple et banale réconciliation. Nous avons connu un véritable état de grâce, des nuits de noces. C'est à ce moment-là que j'ai ressenti ma jalousie. Elle venait par vagues, par bouffées. Je me disais : « Merde ! Qu'est-ce qui m'arrive ? » J'étais exactement comme une jeune femme. Je ne me suis jamais senti aussi féminin que devant toi. J'étais jaloux de tout, de Sandrine Bonnaire, de ta liberté sur le plateau, de ce que tu osais faire avec une caméra, du temps que tu prenais. J'étais malheureux de ne pouvoir partager tes souffrances, ta création. Tu enfantais sans moi. Je me sentais exclu, expulsé. J'aurais voulu dans ces instants partager ton secret, ta part maudite. J'aurais voulu être artiste à deux.

Quand je tourne avec un autre metteur en scène, quand nous sommes loin l'un de l'autre, entre deux prises, si je tends l'oreille, je peux entendre ta douleur. Tu n'es pas quelqu'un qu'on peut rassurer avec un coup de fil, quelques formules de politesse, un « j't'embrasse » ou un « on se voit à Paris dès mon retour ». Tu ne peux jamais dire quelque chose d'anecdotique, d'inutile. Entre nous, il n'y a jamais de déclaration d'amitié, d'échange effréné de compliments. Le compliment, c'est une chose encore trop civilisée. On n'a pas de vapeurs. Nous avons des grognements pour nous comprendre, pour nous rassurer.

Sur un plateau, tes colères sont respectées. Elles n'ont rien de chimique, tu n'es pas Clouzot semant la terreur parmi les comédiens. Tu piques une crise quand une scène résiste, lorsque tu butes sur un détail. En analyse aussi, on passe son temps à buter sur des détails apparemment anodins, mais qui au bout de la troisième séance se révèlent essentiels, décisifs pour la suite du « voyage ».

En dehors du cinéma, au-delà des belles sensations que nous avons éprouvées ensemble avec le succès de *Police* et l'aventure du *Soleil de Satan*, il y a nos plages de silence, la vie comme elle vient, cette haie de pommiers qu'on s'était promis de tailler ensemble. Au moment de retrousser les manches, on s'est rendu compte qu'elle mesurait facilement deux cents mètres. On ne s'est pas dégonflés, on y a mis le temps, mais on a tenu bon, jusqu'au bout. Eh bien, des haies de pommiers, mon Maurice, on n'a pas fini d'en tailler ensemble. Tu peux déjà cracher dans tes mains en m'attendant !

à la postérité!

Chère Margotton,

Avec toi, tout est grave, tout est important. Je viens de t'entendre à la télévision. Avec ta diction à la fois douloureuse et précise, tu emploies les mots justes, ceux animés par tes états d'âme. Un intellectuel se serait expliqué, toi tu trouves. Tu es tout le contraire d'une intellectuelle. Tu as été une femme amoureuse, une aventurière qui a ri, joui, souffert. Comme François Truffaut, tu es un voyou, un chef de bande. Ton pote Godard aussi est une sorte de délinquant, mais lui, ce serait plutôt un blouson doré. Il reste un fils de famille qui de temps en temps vient demander un peu d'argent de poche à papa-Gaumont. J'ai toujours pensé que ton alcoolisme était une forme de délinquance, un défi à toi-même, à ta formidable santé. Ta violence, c'est aussi ce qu'on n'ose pas entendre, ton déraisonnable. Ton article terrible sur l'affaire Villemain m'a révélé l'inertie des femmes de province, d'une femme enceinte. Je ne retiens que ça parce que, effectivement, c'est sublime. Il n'y a pas que la création chez une femme enceinte, il y a aussi le meurtre. Il y a des poules qui tuent leur couvée. La nature est parfois effrayante. Dès que tu es malade, déprimé, tu te laisses envahir par des pulsions, des mauvais rêves. Quand tout cela éclate... Cela donne un Céline. Il devait être un peu comme toi. Mais lui, c'était de l'attaque à main armée, c'était un criminel. Céline devait dialoguer dans ses nuits d'insomnie avec la statue du Commandeur...

Tu aimes être marginale, marginalisée. Tu n'avais pas su quoi me répondre quand je t'avais balancé que tu étais « morte » chez Pivot, que tu t'étais banalisée en rentrant dans l'Ordre des médias. Tu es devenue leur chien, le chien des médias. Dès qu'ils ont besoin d'un coup de main, tu accours, tu nous expliques ce que c'est que l'écriture. J'ai même lu dans un journal qu'on se branlait sur toi maintenant. Tu as une gérontologie extrêmement animée! Si tu avais vécu du temps de Camille Claudel, dans une famille bourgeoise bien con, tu sais qu'on t'aurait fait enfermer.

Malgré tout, c'est presque impossible de te

définir. Je sais seulement que dans cinq cents ans, il y aura un auteur et cela sera toi. Sinon, tu n'es pas une intellectuelle, pas une femme, pas une vieille ou une mère, une journaliste ou un philosophe. Tu es ailleurs, tu es irréelle. Tu me fais penser à une sorcière sur laquelle les enfants n'ont pas le droit de lancer de pierres! Les pauvres gosses.

Un jour, je suis entré dans ta chambre par surprise. Je t'ai vu dissimuler quelque chose sous tes papiers.

— Qu'est-ce que tu fais?

— Rien, rien. Je suis en train de réécrire.

— C'est quoi ça?

Sous les feuillets, je distingue un journal. Je lis les dernières lettres du titre: trand. Je tire un coup sec: il s'agissait de « L'Indicateur Bertrand »!

— Tu ne veux pas acheter un appartement avec moi, Gérard?

L'immobilier, c'est ta passion secrète, ton vice caché. L'Indicateur, c'était ton livre de chevet, ton homme, c'était lui l'amant!

Allez, je t'embrasse, madame Bertrand!

à l'argent

Pièces, billets, chèques, bons du trésor, actions, lingots, cochons, couvées et j'en passe.

J'ai toujours été riche, je n'ai jamais manqué de rien. Tout à l'heure, je suis passé voir mon banquier, Gabriel. J'avais un découvert de deux cents millions sur mon compte personnel. C'est terrible ce mot-là : découvert. On n'est plus rien quoi, on est découvert. C'est pire que d'être démasqué. Tout le monde vous voit, vous montre du doigt. A la guerre, cela ne pardonne pas d'être à découvert.

J'étais nerveux, inquiet comme un homme honnête. Ce n'était pas normal de devoir autant d'argent. Je ne voulais pas non plus qu'Élisabeth et les enfants le sachent. Gabriel est venu vers moi avec un sourire.

— J'en suis à...

— Pas de problème, Gérard, pas de problème.

— Tout de même, c'est une somme.

— Mais non, mais non, pas de problème.

Il s'adressait à moi comme si j'étais riche, comme s'il s'agissait d'une autre personne. Je suis sorti de ma banque et j'ai pensé à la boucherie chevaline de Châteauroux. A la maison, on ne pouvait manger de la viande que la première semaine du mois grâce aux allocations familiales. Le reste du temps, on m'envoyait avec un pardessus et un panier chercher de la viande chez le boucher. En me voyant, il se mettait presque à crier: « Il faudra que ton père vienne me voir. Je veux le voir ! » Je hochais la tête, puis je demandais si je pouvais avoir deux cents grammes de viande. C'était des humiliations atroces.

Un jour, on m'a réveillé à huit heures du matin. Un type m'a annoncé au bout du fil que j'allais tourner deux jours dans un court-métrage de Roger Leenhardt, *Le beatnik et le minet*. Il a ajouté que je toucherais cinq cents francs par jour. Cinq cents balles par jour en 1965 ! J'ai compris d'un trait ce qu'était l'argent. Ce fut une révélation. Sans doute parce que c'était de l'argent honnête. Avant, quand j'avais besoin de blé, je faisais du trafic avec les Américains à Châteauroux. Whisky, cigarettes, ce n'était pas un problème. A l'occasion, je volais un petit peu, pour me faire plaisir. D'ailleurs, sur un film, s'il m'arrive de repérer une jolie poignée de porte, je ne peux pas résister. C'est une façon de laisser une marque, son empreinte. J'aime aussi beaucoup les cendriers dans les grands hôtels. Cela me rend euphorique ces fric-frac. Parfois, je suis un peu ennuyé, parce qu'il m'arrive de me « servir » chez mes meilleurs amis! Demain soir, je dîne à l'Élysée...

En sortant de la banque, j'ai compris que l'argent c'était avoir deux cents millions de débit, bientôt le double avec les impôts, et de dire : « On se calme. On va s'arranger. On attend. » L'argent, c'est quand on vous autorise à en manquer.

Avec *Les Compères*, *Tenue de soirée*, *Les Fugitifs*, l'argent m'est tombé dessus, cela n'arrêtait plus tout ce liquide, c'était comme des fuites d'eau. En analyse, l'argent, c'est de la merde. Alors, j'étais sacrément emmerdé, mon pote! L'argent, chez moi, il est devenu complètement abstrait. C'est un truc auquel il faut s'habituer très vite avant qu'il ne vous mange la tête. Cela peut devenir une maladie, s'insinuer en vous, et un jour, on se réveille, on est radin. On compte. Il faut prendre sa mesure. Quand on doit payer cinq cents millions d'impôts par an, on est mis en situation, en demeure, de faire de l'argent.

Pourtant, je ne serai jamais un vrai riche. Les vrais riches, les riches de profession, ne pensent qu'à l'argent. Un sou est un sou. Oui, l'argent, ce sont des gens qui ne pensent qu'à ça. « L'incroyable dispendiosité des pauvres » a écrit Balzac. Eh bien, moi, j'ai cette sauvagerie des pauvres avec l'argent. La seule fortune que je suis sûr de posséder, c'est mon goût et mon plaisir. Je n'ai pas d'impôts sur mon plaisir. Je le prends. J'ai toujours mangé mon pain, bu mon vin avec la même sensation dans la bouche, dans mon palais. Toutes ces séries noires, *Mélodie en sous-sol*, *Touchez pas au grisbi*, tous ces mecs qui creusent des tunnels dans les égouts, tout ça, c'est démodé, ce sont des mythologies complètement dépassées qui ne font plus godiller personne.

Oui, j'ai toujours été riche et je n'ai jamais manqué de rien. Je vole des poignées de porte et des cendriers dans les hôtels. J'ai dépensé cinq cents briques pour faire *Tartuffe*, j'en ai pris autant pour faire *Rive droite, rive gauche*. J'ai deux cents briques de découvert sur mon compte, mais sur la D.D. production, il doit y avoir deux milliards en liquide. Ma vraie richesse, c'est d'avoir eu des parents qui ne m'ont jamais fait la morale, une femme que j'aime depuis dix-neuf ans et des enfants pour qui le fric ne sera jamais une baguette magique. Ma vraie richesse, c'est de ne pas confondre un vin travaillé avec une macération carbonique et celui élevé dans un fût.

à Francis Veber

Mon cher Francis,

Tu sais que cela me tracasse de te savoir
tout seul, là-bas, en Amérique. Tu n'es plus à
portée de ma main, tout peut t'arriver. Avec
toi, j'ai développé un drôle d'instinct, un besoin quasi maternel de te protéger. C'est ta
maladresse qui m'a eu, qui m'a plongé dans
des états pareils. Tu as l'air tellement perdu,
désemparé parmi les objets, en danger devant
ton environnement. Tu ne sais pas conduire,
tu ne sais pas faire de thé sans risquer de faire
sauter une maison, tu ne sais pas faire ton lit
non plus. On supprimerait le service militaire
s'il n'y avait que des types comme toi, des
Perrin et des Pignon, tes héros inadaptés et
funambules auxquels il faut toujours ad-
joindre un garde du corps, un garde-fou.

Tout ce qui est mécanique t'angoisse. Tu as
sans cesse peur de perdre l'équilibre. Tu

passes des heures chaque jour à faire de la gymnastique, des agrès. Mais si tu peux à la commande exécuter trois sauts périlleux dans le vide, tu ne pourrais pas monter sur un vélo !

Cette maladresse, ce manque, cette infirmité touchante, presque poétique, est contredite par tes scénarios, tes scripts infernaux, sans faille, « en béton » comme disent les gens du cinéma. Là, tu fais preuve d'une adresse inégalable. Il est impossible de te prendre en défaut, de te faire perdre l'équilibre. Pignon désormais ne se prend plus les pieds dans le tapis, il ne renverse plus de casserole. Il est imprenable le Pignon !

« 80 briques, un scénario clefs en main », lançais-tu au début des années soixante-dix, déclenchant l'indignation d'une partie de la profession, à une époque où tous les metteurs en scène se prenaient pour des auteurs. L'auteur, c'est toi. C'est grâce à la lecture de tes scénarios que j'ai compris ce qu'était un auteur, ce qu'était surtout le travail d'un auteur. Je n'imaginais pas cela aussi ingrat, aussi aride. Tu me dis souvent que c'est l'art de la frustration. C'est un petit peu comme un peintre qui recouvre d'abord tout ce qu'il ne doit pas peindre avec des draps. Il cache pour ne pas ensuite tacher ce qu'il peindra. Il recouvre ainsi pendant des heures comme tu élimines toutes les fausses pistes de tes scénarios pour ne plus conserver qu'une solution. Et cela peut te prendre parfois plus d'un an. On ignore et l'on mésestime ce travail de confection. Tu es un artisan. Tes scripts sont des objets lisses, des objets d'art. Ce sont des constructions scientifiques, des mécanismes d'horlogerie où chaque effet sonne à l'heure juste. C'est l'univers de la maîtrise, du mot exact, de la virgule près.

Dans la vie, devant une situation imprévisible, il peut t'arriver de perdre pied, d'être agressif, victime de ton émotivité, de ta crainte des autres. C'est bien cette faiblesse qui te rend diabolique lorsque tu mets au point une situation. On peut se passer de dialogues, parfois ils affaiblissent même la scène, mais sans situation, il n'y a plus rien, plus de film. Ce génie de la situation te permet de faire exister tes personnages dans la souplesse et la grâce. Ils sont définis par ce qui leur arrive. Ils se révèlent tout crus, devant nous. Pas besoin de monologues mode d'emploi, de définitions psychologiques interminables, d'expositions laborieuses. Tout est fluide, tout coule de source.

Dans *Les Fugitifs*, entre Pignon et Lucas, il y a le destin. Ils sont faits, malgré eux, l'un pour l'autre. Ils luttent en vain, mais ils vont ensemble. C'est un vrai couple. Ils sont les jouets d'une situation. Ce caractère inéluctable de leur rencontre, cet aspect net, tranchant révèle une certaine froideur, une vraie cruauté propre aux grands humoristes. Pignon et Lucas n'ont aucune chance d'échapper à leur histoire. Ils sont les deux héros d'une fable, ils sont prisonniers d'un proverbe, entraînés dans une machinerie-machination digne des *Temps modernes*. D'une certaine manière, il n'y a aucun espoir pour l'homme dans tes scripts. C'était écrit : « Quand un Pignon rencontre un Lucas... » Tu dois finalement être un auteur de droite. Chez un auteur de gauche, vois-tu, on donne une chance aux personnages, monsieur. Ils ont leur libre arbitre. Ils ne sont pas à ce point victimes de ce qui leur arrive. Ils peuvent réagir, influer sur les événements. Dans tes films, la situation décide toujours à leur place. Quand je tourne avec toi, je n'ai jamais l'impression de faire un film frivole. La critique, c'est vrai, est injuste avec toi, elle l'est toujours avec les comédies. *Les Fugitifs* me paraît pourtant être un film aussi grave que *Police* ou *Sous le soleil de Satan*. Cela va te surprendre, mais je trouve que tu ressembles à Maurice. Oui, lui, le fils d'Auvergnat au cou de taureau et aux mains de forgeron et toi, le fils d'Europe de l'Est souple et juvénile, le descendant de Tristan Bernard. Si Maurice a besoin du déséquilibre pour créer et toi d'un parfait équilibre, je devine en vous la même tension pour tenir à distance votre folie, le même effort créatif pour ne pas plier sous le poids de votre angoisse, de vos névroses, pour ne pas être ensevelis. Car on ne se rend pas toujours compte, Francis, de la folie contenue dans tes scripts. A force de serrer et de resserrer les boulons, il y a toujours une vis qui pète, une fissure d'où jaillit l'étrangeté. Je ne crois pas connaître une fin plus bizarre, plus invraisemblable que celle des *Fugitifs*. Ce monde brusquement sans femme, cet homme déguisé en mère, cette petite fille en petit garçon, cette fausse famille... C'est bien d'auteurs, de personnalités hors norme dont a besoin le cinéma. Il faudrait que tous les auteurs fassent du cinéma. Il faudrait se débarrasser des metteurs en scène! Qu'est-ce que c'est un metteur en scène ? C'est un technicien plus ou moins bien inspiré. Le Platini des techniciens, c'est un type qui va un petit peu plus vite que les autres, qui ne perd pas son temps à monter ou choisir un objectif. Tout le monde peut être metteur en scène. J'ai été metteur en scène!

Je pense que tu as bien fait de partir à Los Angeles. Les Américains reconnaîtront plus spontanément ton talent que ces bouderus de Français. Qu'est-ce qui t'a pris de dépasser à chaque fois le million d'entrées ! Imbécile ! Tu t'es mis hors la loi, hors de la critique. Oui, décidément, tu as bien fait de partir là-bas. Tu as bien fait mais... Ne prends pas mal ce que je vais te dire Francis... Je t'assure que parfois cela m'empêche de fermer l'œil. Alors, écoute bien : n'oublie pas que si tu mets une théière en grès sur une plaque chauffante elle explose. Voilà, c'est tout. Je me sens déjà mieux...

à Barbara,

Chère Barbara,

Je viens juste de raccrocher. Ta voix n'est pas près de me quitter. Il y a une pépite d'or au creux de mon oreille pour le reste de la journée. Un coup de fil, c'est une lettre sonore. Sans cet appareil, nous serions restés à des milliers de kilomètres l'un de l'autre, toi au Japon et moi à Bougival. Il faut savoir souffrir d'une absence, mais un petit coup de fil, comme on avale un cachet pour apaiser l'angoisse, cela ne fait pas de mal.

Ta voix m'a toujours paru s'élever vers le ciel. Ton âme est un son, une mélodie. Tes mots, par miracle, se matérialisent. Il y a cette rime que j'adore : « Notre amour aura la fierté des tours de cathédrales. » Je te le jure, ta cathédrale, je la voyais, elle s'élevait dans l'air, juste devant moi. La chanson avait un pouvoir, une force incroyable pour le petit vagabond échappé de Châteauroux, elle me ramenait toujours dans les moments les plus sombres sur l'île aux mimosas.

Toi que j'ai souvent cherché
A travers d'autres regards
Et si l'on s'était trouvé
Et qu'il ne soit pas trop tard
Pour le temps qu'il me reste à vivre
Stopperais-tu ta vie ivre
Pour venir vivre avec moi
Sur ton île aux mimosas.

J'avais comme ça, quelques phrases, sur moi, des rimes revigorantes, aussi efficaces qu'une giclée de prune.

Dis quand reviendras-tu
Dis, au moins le sais-tu
Que tout le temps qui passe ne se rattrape guère
Que tout le temps perdu ne se rattrape plus.

A douze ans, j'avais l'impression d'avoir tout perdu :

Mais j'avais une maison
Avec presque pas de murs
Avec des tas de fenêtres
Et qui fera bon y être

Et que si c'est pas sûr
C'est quand même peut-être.

Tu te rends compte, « si c'est pas sûr, c'est quand même peut-être. » Avec un truc pareil, je crois qu'on peut continuer à marcher long-temps. J'adorais le lyrisme naïf de Jacques Brel. Mais c'est ta voix qui rythmait mes fugues. Je marchais comme un forcené avec tes chansons dans ma tête. C'était mon balu-chon et je t'assure que je n'avais pas besoin de walkman !

Tout à l'heure, au téléphone, j'ai deviné ta voix trembler. Tu as souvent peur qu'elle s'évanouisse comme dans ces contes où une fée capricieuse vous prête un don provisoire et fragile. Et parfois, c'est vrai qu'elle fout le camp, que tu ne peux plus chanter. Tu cesses d'être en harmonie. Quand on perd sa voix, cela provient d'une audition brouillée. Tu dois sourire : je parle comme un plombier. Mais c'est bien quand on a trop de rumeurs, de parasites à l'intérieur de soi que tout se brise, se fracture. A quinze ans, lorsque j'ai commencé à suivre des cours de comédie, je ne comprenais rien à ce que je lisais. Emmer-dant. Mon professeur, Jean-Laurent Cochet, nous a conduits chez un spécialiste pour des tests de sélection auditive. Il s'appelait Alfred Tomatis. Il s'est rendu compte que j'entendais plein de sons, beaucoup plus que les autres. Cette longueur d'écoute m'empêchait d'émettre. Mon oreille gauche était moins sensible que mon oreille droite, et j'étais beaucoup trop réceptif aux sons aigus. J'étais mal réglé quoi! Avec trop de bruits et de fureur dans le buffet. Au bout de quelques séances, j'ai pu à l'aide d'un micro me corriger, retrouver au fur et à mesure l'usage de la parole! Il me suffisait alors de lire une seule fois un texte pour le réciter aussitôt par cœur... J'ai l'impression que tu n'es pas convaincue, que tu attribuerais tes problèmes de voix à des phénomènes magiques, des rites d'envoûtement, à la fatalité. Mais tu es une femme fatale! Avec ta belle solitude, ta robe noire, entre le deuil et la nuit. Tu vis avec ta voix. Ce sont des rapports de couple. Elle te quitte, puis elle revient, elle revient toujours. Personne ne pourra s'immiscer entre vous. Tu vis dans une chasteté élective, retirée du monde, pour éviter que ta voix s'abîme ou... ou... qu'elle soit « emportée par la foule » qui nous roule, et qui nous fouille... etc. Tu as une vision de médium sur les êtres, au-delà des jugements, plus vive que l'instinct, une sorte d'intuition supérieure. Tu me fais penser à une mère, mais à une mère des compagnons, celle qui donne à boire et à manger à l'ouvrier d'élite pendant son tour de France. Elle ne met pas au monde, elle reçoit le voyageur. Avec *Lily Passion*, tu as été cette fois enceinte d'un enfant rêvé à deux. Pendant trois ans, je t'ai assistée, presque accouchée. Tu me demandais souvent s'il fallait garder une scène, raccourcir un dialogue, si tout cela était vraisemblable. A chaque fois, je t'ai répondu qu'il ne fallait rien jeter, tout oser car tout est jouable. François Truffaut me confiait que s'il n'avait pas assez d'argent, il trouvait un bon acteur. Si l'on ne pouvait pas s'offrir une gare avec trois mille figurants, il suffisait de lui demander de nous raconter qu'il avait rencontré la femme de sa vie sur un quai de gare au milieu d'une foule indifférente, entre deux trains. Et le miracle s'accomplissait. Jean-Pierre Léaud aurait fait économiser beaucoup d'argent à Cécil. B. De Mille.

Grâce à toi, à *Lily Passion*, j'ai pu m'échapper, quitter l'autoroute pour un chemin de fortune, une petite départementale oubliée, truffée de nids de poules. Pendant quatre mois nous avons promené notre spectacle à travers toute la France. Nous étions à nouveau des gens du voyage, des baladins débarquant à grands cris sur la plage du village pour y dresser leur chapiteau. Viens voir les comédiens... Il n'y avait plus de journées de tournage à respecter, seulement le bonheur d'interpréter tous les soirs notre histoire.

J'ai appris à connaître ta patience, cette forme silencieuse de la tolérance et de ton talent. Certains après-midi, devant tous ces beaux vignobles qui me faisaient de l'œil, ma nature reprenait le dessus. Je me sentais ensuite un peu coupable, j'avais peur de ne pas être à la hauteur, mais toi, quel que soit mon état, tu ne doutais jamais. Et à l'heure de la représentation, rassuré, je te rejoignais sur l'île aux mimosas.

à Jean Carmet

Mon cher Jean,

Comment vas-tu petites jambes!

Je viens de revoir *Dupont-la-joie* à la télévision. Tu es effrayant. Non, franchement, tu m'as fait peur. Ta bonhomie, ton racisme tranquille, cette veulerie... Remarque, tu n'as pas dû avoir de mal à le jouer: il t'a suffit d'être le contraire de toi-même. Cela a bien dû t'amuser de te contredire à ce point.

J'ai enfin trouvé à qui tu me faisais penser. A Plume. A monsieur Plume, le héros d'Henri Michaux. En moins poétique heureusement! En moins chiant, en moins grand naïf à la Paul Guth. Tu es un monsieur Plume avec de l'énergie, une santé paysanne, mais avec la même finesse, le même raffinement. Ta vraie nature est celle d'un tragédien. C'est ton grand problème ça, on ne t'a jamais vraiment pris au sérieux. Tu as débuté dans une France un peu poujadiste, un peu famille Duraton. Tu faisais partie de la bande à Francis Blanche, tu étais le petit dernier. Tu n'as jamais très bien su comment te situer. Personne dans ces années-là n'est venu te donner confiance, t'encourager dans ton sens. Car à côté du baladin, du conteur à l'œil roublard, le tragédien sommeille, s'impatiente.

Dans *Buffet froid*, tu n'étais pas tout à fait rassuré. Ce rôle t'obsédait. Tu faisais le complexe du contre-emploi. Sous prétexte que la situation nous échappait, tu jouais à l'étrange. La scène l'était suffisamment pour que nous en rajoutions dans l'étrange. Je te disais : « Reste comme t'es. T'as pas besoin d'expliquer l'étrange. Si tu veux éclaircir l'étrange, ce n'est déjà plus l'étrange. » Comme c'est étrange ! Si l'on t'avait choisi pour ce personnage, ce n'était pas pour que tu te poses des questions, pour que tu t'annules. Il n'y avait pas besoin de crier pour se faire entendre. A la fin, tu finissais pas casser ta voix. Dans la vie, s'il t'arrivait quelque chose de monstrueux, jamais tu ne perdrais ta voix, salaud !

La tragédie, c'est avoir de la curiosité pour tout ce qui bouge, c'est considérer que tous les autres sont importants, qu'il n'y a pas de hasard. Tout compte. Tu ne peux pas passer à côté des gens, traverser sans broncher des paysages, sans prendre un risque. C'est bien cela la tragédie, c'est le sentiment de la nature, du paysage qui vous entoure. Ce sont les héros de Pasolini dans *Médée*, confrontés à la grande tragédie, à l'immensité du désert. Si les gens traversent le Ténéré, par exemple, en gesticulant comme des crabes ou le pied au plancher d'une bagnole comme un concurrent du Paris-Dakar, ce n'est pas la peine. Ils ne comprendront jamais rien. Là, ils sont dramatiques ! Bon, j'arrête un peu de pontifier.

S'il y a bien quelqu'un pour lequel je ne m'inquiéterai jamais, c'est toi. Tu es invulnérable. Tu as une nature de survivant. Persécutions, pogroms, chasses aux sorcières, accidents d'avion... Tu t'en tireras toujours, tu passeras au travers. Tu pourrais te promener sur un champ de bataille comme un touriste japonais sur le parvis de Notre-Dame. Je te vois très bien, au milieu des balles, sous la mitraille : « Pardon, mon général, pourriez-vous m'indiquer le buffet de la gare. Je crois que je me suis égaré. »

Parfois, je te trouve mystérieux. Tu n'es jamais fatigué. Tu n'as pas d'âge. Tu me fais songer à ces « chemineaux » du Moyen Age. Ils prenaient tous les chemins, tous les petits sentiers, les détours avant d'entrer dans une ville, un village. Si tu prends la grand-route, le chemin de tout le monde, tu ne vois rien. Le chemineau, c'est celui qui contourne, qui prend un chemin d'initié, qui arrive sur la place en connaissant déjà l'esprit des habitants parce qu'il a pris le temps de goûter, de respirer leur village avant.

Tu es sans doute la seule personne que je connaisse qui soit invexable. Je sais que je peux te bousculer car il y a en face de moi quelqu'un de robuste, qui fait le poids. Tu aurais ta place dans la bande à Jouvet, à côté de Carette. Peu d'acteurs sont capables de réaliser ce que tu as fait dans *Le Curé de Tours* : conserver de la noblesse jusque dans les petites humiliations, la déchéance ultime. Mais tu peux être le Ténardier des *Misérables* le jour suivant.

Jean Carmet est le seul comédien qui fasse passer les petits défauts de la nature humaine avec autant de grandeur.

à Pierre Richard

Mon Pierrot,

Le moins que l'on puisse dire, c'est qu'on n'est pas du même milieu, du même monde. Pourtant, il n'a jamais été question de lutte des classes entre nous! D'abord, ton nom, il m'en impose: Pierre Richard de Faillis. Ça c'est un nom que j'aurais aimé épeler devant toute ma classe, à Châteauroux. Mais si je l'épelle une seconde fois, je me rends tout de suite compte qu'il y a le mot faille à l'intérieur.

Tu as été un enfant obligé de se tenir droit à table, d'avoir des bonnes notes à l'école, d'aller sans doute à la messe le dimanche. Je sais que tu as été élevé par un grand-père sévère mais juste comme on dit, au milieu d'un grand parc, entouré de domestiques, sous le regard d'une mère au teint de lait, si belle. C'est couru, l'enfant du *Jouet*, c'était toi.

107

Heureusement, la fantaisie débridée de ton père qui dilapidait les fortunes familiales sur les champs de courses t'a probablement sauvé d'un destin d'ingénieur-chimiste ou de notaire. Ce père insaisissable a été ton issue de secours. Chez moi, j'ai eu la chance que toutes les portes et les fenêtres soient ouvertes. Des courants d'air, j'en ai pris plein la gueule. Et c'est tant mieux. Je me doute que tu as dû parfois manquer d'air. Devant l'immobilisme de cette société, tu as fait au sens propre comme au figuré le « grand écart ». Car de la souplesse, il en fallait pour se tirer de là indemne. Si tu n'avais pas été en latex tu serais aujourd'hui une statue de pierre!

Certains pensent que ta juvénilité indestructible est une marque de légèreté, que tu es un être frivole. Je ne connais personne qui ait autant d'envies féroces, d'exigences meurtrières. Tu as l'intransigeance aveugle, la fureur de l'amoureux. Il ne pourrait pas exister de plus beau, de plus sincère Figaro que toi. Figaro a le désespoir de l'amoureux, sa détresse. C'est un homme enchevêtré dans ses passions. Il te ressemble fidèlement, et l'on t'a comparé par facilité à un amoureux distrait. Il y a tous ces malentendus autour de toi, ces petits riens qui rendent complexes tes rapports avec les autres, pour ne pas dire complexés. Plusieurs fois, je t'ai dit de monter

Le Mariage de Figaro à Avignon, chaque fois tu as eu peur de ne pas être à la hauteur de ton lyrisme. Tu es comme ce chanteur qui fait des vocalises et qui, arrivé en haut, se persuade qu'il ne pourra jamais aller encore plus haut.

Tu fais partie de ces comiques à qui l'on a donné beaucoup de claques. Avant de rencontrer Francis Veber, tu as longtemps glissé sur des peaux de bananes, reçu des seaux sur la tête, des tartes à la crème en pleine poire. Pour moi, désolé, je n'ai jamais vu le clown chez toi, mais le prince Muichkine, le héros de Dostoïevski. C'est ton portrait-robot, écoute cela : il y a « dans le regard attentif et calme de ses grands yeux bleus, ce quelque chose de lourd et d'étrange qui décèle l'épileptique ». T'emballe pas, on ne va pas t'enfermer à l'asile pour ça. Tes crises d'épilepsie à toi sont des espèces de crises poétiques, des états d'enfance, des convulsions presque chorégraphiques.

Avec Pignon, le chômeur des *Fugitifs*, contraint de braquer une banque pour donner à manger à sa petite fille autiste, tu as retrouvé l'essence de la comédie, la nature profonde du rire. Celle de Lubitsch amusant avec le ghetto de Varsovie dans *To be or not to be* ; de Chaplin dans *Les lumières de la ville* où tout le monde crève la dalle en pleine crise économique. Le comique est indissociable de l'horreur du monde. Il démontre l'incapacité des hommes à se hisser à la hauteur de leurs malheurs, d'avoir l'endurance du drame, de la tragédie. Et quand ils n'ont plus d'humour, ils meurent. C'est la perte de son humour qui prévenait Jean-Paul Aron de la présence de sa maladie, de sa disparition prochaine.

Je connais « l'ampleur » de ta fragilité, mon Pierrot. Dans cette petite lettre, j'aimerais bien te mettre en garde contre toi. Dans la rue, pour survivre, il faut se méfier des types qui vous tapent dans le dos en vous disant : « T'es super mon pote, suis-moi, je connais le chemin, c'est tout de suite à droite après le prochain carrefour. » Ensuite, ces mecs-là te plantent un surin dans le dos dès la première impasse. C'est souvent celui-là que tu as tendance à écouter, à suivre les yeux fermés. Dans la rue ou la jungle, c'est la même chose, c'est avec celui qui vous rentre d'abord dedans, celui à qui votre tête ne revient pas, que le voyage est possible.

Tout à l'heure, je suis passé te voir sur le tournage des *Valeureux*, le roman d'Albert Cohen mis en scène par Moshe Mizrahi. Tu es Mangeclous. Malheureusement, tu n'étais pas là. On m'a dit que tu resplendissais, que tu ne pensais qu'à ta prochaine scène, un long monologue que tu apprends par cœur, de tout ton cœur tel un écolier sa première récitation.

Sur le plateau, il y avait Jean Carmet, Jean-Pierre Cassel, Jean-Luc Bideau, Charles Aznavour. Il y avait tous ces adultes en joie en train de se déguiser, de se mettre des postiches, de se grimer. Je me suis éloigné doucement pour ne pas les déranger dans leur bonheur, leur cérémonie. Je me suis retourné une dernière fois et j'ai pensé que nous faisions un métier formidable, un métier rare.

A notre prochaine aventure, Pignon. Signé : ton cher Lucas !

à la maladie

Comment ça va?

Dans un beau livre de Sacha Guitry, la maladie commence avec 38°5. C'est une alerte. Si l'on feint de l'ignorer, on reste d'attaque ; mais quand cette alerte persiste et vous fatigue, on commence à douter. A partir de cet instant, on tombe malade, on est en danger. On était capable de lancer une pierre à cent mètres, puis la distance se rétrécit, l'idée même de lancer la pierre a disparu. On ne se rêve même plus.

Sur le tournage de *L'Inspecteur La Bavure*, je jouais un truand aux prises avec des handicapés lors d'un casse. « Même les handicapés ont leur hold-up ! » Entre deux prises, j'ai discuté le coup avec un handicapé, un accidenté de la route. Je lui parlais pour échapper à mon malaise, ma gêne. Je lui ai demandé comment il se rêvait. Il m'a confié que, pendant trois ans après son accident, il a continué à se rêver debout, mais que maintenant il ne se rêvait plus qu'assis.

Toutes les maladies sont en nous, elles attendent la première occasion pour nous faire notre fête. Elles sont à l'affût, les vicieuses. Si l'on cesse de vivre en bonne intelligence avec ses inhibitions, les microbes sont lâchés! Ils s'essaient sur nous jusqu'à ce que cela prenne, éclate. Une fois malade, les ennuis commencent. On se sent déjà en situation d'infériorité mais on ne rate pas une occasion pour vous amoindrir. Chez le médecin: « Vous fumez? Bah, c'est pas étonnant que vos artères soient bouchées, mon pauvre vieux. » Dès qu'on vous dit un truc pareil, vous les bouchez deux fois plus vos artères. Et y'a aussi le pauvre gars qui annonce la nouvelle à son patron: « Comment? Vous êtes encore malade! » C'est entre la maladie et la morale que la pourriture s'installe, fortifie une culpabilité qui remonte au début du monde. La maladie nous humilie là où nous sommes les plus fiers de nous. Elle s'en prend au cerveau du philosophe, au bras du guerrier, au cœur du champion ou à la prostate de Casanova.

C'est idiot, mais il faut être en bonne santé! La santé, cela n'a rien à voir avec la gymnastique ou le footing. Ce n'est pas être en forme.

Il n'y a rien de plus con qu'un mec qui court après sa forme. La santé, c'est une réflexion sur soi et sa place parmi les autres, c'est quelqu'un qui ne souffre pas de lui-même. La santé, c'est quand on ne peut pas être atteint, que l'on est invexable, que tout glisse sur vous. Ouais, la bonne santé, c'est faire face à un camion de deux cents tonnes lancé à toute blinde, et s'excuser ensuite de l'avoir embouti. Faut savoir rester poli ! Il ne faut pas être le type qui esquive, qui se range contre le trottoir. La santé c'est une force mentale énorme, c'est la jeunesse.

Voilà que j'apprends que le Dédé en a assez. Il est las, las de son incompréhension devant la mort de la Lilette. Quand elle est partie, il s'est mis à parler aux médicaments. Puis, il y a eu un moment où il a lâché la boîte et la maladie est rentrée. Son estomac a gonflé, on lui a fait des ponctions comme à mon chat. On s'est aperçu qu'il avait une septicémie à l'intérieur. C'est la pourriture totale. Les poumons sont attaqués. Et ça, le Dédé, il l'a fait exprès. Il a appelé la maladie à la rescousse. L'absence de la Lilette, c'était vraiment un concept trop compliqué pour lui. Il arrive parfois qu'on appelle la maladie à son secours. C'est curieux mais je pense à Proust. Il a dû ressentir comme le Dédé une immense lassitude. Il en a eu marre d'un coup de sa vie mondaine, d'être un dandy, une perruche, un éternel convive. L'asthme est une allergie. Alors j'imagine qu'il était devenu allergique à tout ce beau monde.

Si un jour, il m'arrivait un pépin, j'aimerais qu'on me laisse seul me démerder dans mon coin.

Je ne me donnerais pas en spectacle comme le maréchal Guillaume continuant à lancer des ordres de son lit, à recevoir sa famille et ses amis. Il n'arrivait plus à mourir, ce con. Moi, je ne partirai pas en paix si je meurs devant les autres. Je voudrais mourir comme mon chat, couché dans le jardin, entre deux glycines.

à Claude Zidi

Mon cher Claude,

Tu m'as confié qu'enfant, tu vivais dans un ancien hôtel, à Trouville. Tes parents partaient souvent travailler à Paris. Tel le petit héros de *Shining*, tu restais seul à te promener dans les couloirs. Si tu veux mon avis, elles sont parties de là, tes déambulations.

Tu es un marcheur. Les vrais créateurs sont des gens qui aiment marcher. On voit bien qu'ils n'ont pas le même pas que les autres piétons. Ils regardent les vitrines, ralentissent sans raison, se piquent de suivre une femme ou un badaud. On parle souvent d'une démarche d'écrivain.

Tu es passé du comique à la comédie, de la comédie à *Deux*, notre dernier film. C'est un long chemin, une longue marche, bien sûr. Tu as commencé par la technique, par l'appareil, l'outil-caméra. Tu as mis du temps pour trou-

ver un peu de confiance en toi, pour te per-
suader que tu étais un « auteur ». Ça, tu ne
t'es pas auto-proclamé. Tu n'as pas fait de
complexe de supériorité en jouant au grand
écrivain, comme ces trois perruches que j'ai
vues récemment poser en couverture d'un
magazine littéraire. Pour tout arranger, tu as
du mal à te sociabiliser, à te définir. Tu ne t'es
pas façonné d'image.

« Quand j'arrive quelque part, il ne se passe
jamais rien », me dis-tu souvent. Tu fais la
queue dans un magasin, ton tour arrive, et la
fille s'adresse au type derrière toi. C'est vrai
que tu as quelque chose d'invisible, d'impalpable. Comme tous les gens qui sont d'accord
avec tout le monde, tu dis toujours « non ».
C'est fou ce que tu peux être attachant. Tu
corresponds à l'idée que je me suis toujours
faite d'un homme : attentif, rassurant, capable de porter une grosse valise dans chaque
main. T'as les épaules de l'emploi en plus, les
épaules arrondies. Tu es armé pour toutes
sortes de voyages.

Sur un plateau, tu es impérial. Comme
dans la vie, tu as le rythme du gag. Parfois sa
tristesse aussi, celle de l'arithmétique, de
toutes les sciences exactes. Si je me décide un
jour à faire un film, j'aimerais m'inspirer de
la lenteur de Pialat, de sa capacité à perforer
les sentiments humains, mais aussi de ta pré-

cision, de ta rapidité à trancher, à choisir une solution. Paf! paf! paf! En un coup d'œil tu dénoues n'importe quelle situation. Tu piges. Tu es de ceux qui vont jusqu'au bout de ce qu'ils sont, qui n'abdiquent jamais.

Maintenant, je sens que tu es à l'aube d'une grande livraison. Je suis convaincu que tu vas laisser une entaille profonde. Depuis François Truffaut, je ne connais pas un cinéaste que les femmes fascinent autant. C'est à Celio que tu me fais songer, à un amoureux capable de garder secret un amour faux. *Deux*, c'est l'histoire d'un homme et d'une femme qui n'arrivent pas à se dire « Je t'aime ». Claude Zidi, vous êtes un grand romantique. Il n'y a plus à en avoir honte.

à Catherine Deneuve

Ma chère Catherine,

Nous venons de vivre douze semaines ensemble. C'était la première fois que nous tournions en extérieur, la nuit. Je t'ai vue belle et fatiguée, belle et tendue, je t'ai découverte belle de nuit.

Il y a des beautés figées, égoïstes, des beautés qui cherchent à vous en imposer, à vous réduire à un rôle de Sganarelle ou de Quasimodo. La vraie beauté est enrichissante. Près d'elle, près de toi, je me sentais incapable de mauvaises pensées, d'être violent. Cette beauté-là apaise, rassure, vous rend meilleur. C'est une vraie discipline d'être belle, il faut beaucoup de rigueur, de vigilance. C'est un équilibre précaire. Un homme peut débarquer à une émission sans être rasé, les yeux cernés, un petit coup de maquillage et de rasoir et le tour est joué. Si une femme n'est pas bien dans sa peau, c'est tout de suite catastrophique, on ne peut pas tricher. Il faut être très généreuse pour rester fidèle à sa beauté, il faut beaucoup de tenue. C'est penser à chaque instant aux autres. Il n'y a que la jeunesse qui peut être insolente dans la beauté, qui n'en a rien à foutre.

Notre couple de cinéma est plus intense, plus solide que beaucoup de couples dans la vie. Il y a un vrai désir à jouer ensemble, une complicité professionnelle qui peut en rendre plus d'un jaloux. On s'amuse tous les deux, on s'amuse à s'embrasser devant les caméras alors que la plupart des acteurs vous diront qu'il n'y a rien de plus casse-gueule, de plus angoissant qu'un baiser au cinéma. Nous, on se regarde, on se dit des yeux : « On va encore y avoir droit ! »

J'ai lu dans un sondage que tu étais la maîtresse rêvée des Français. Je sais qu'il y a des légendes qui courent autour de nous, que l'on fantasme sur notre couple depuis *Le Dernier Métro*. Il y a un interdit entre nous. Tu es une idole bourgeoise et racée ; je suis un fils de paysan aux mains fortes, avec toute sa santé. Dans le film de François, tu te donnes brutalement à moi, sans pudeur, par terre, comme seules sont capables d'oser les femmes bien éduquées. Toi et moi, c'est presque une conquête sociale, la chance pour

122

un gars de la terre un peu rustre d'être aimé par la plus belle femme du faubourg Saint-Germain. C'est la prise de la Bastille de l'amour !

Tu traînes avec toi deux énormes valises chargées de fantasmes, alors que tu vis des choses simples, très poétiques. Tu as su protéger ta vie privée, tes enfants. Certains pensent que tu es froide. Tu es simplement directe, franche, sans ambiguïté. On te croit sereine, organisée. Je n'ai jamais vu quelqu'un d'aussi désordonnée, fantaisiste avec l'argent, ses affaires.

Mais il y a plus intéressant que l'actrice, sa beauté institutionnelle. Gainsbourg disait que tu marchais comme un soldat. Mastroianni que tu étais un Prussien. Je ne t'ai jamais vue te plaindre sur un tournage. Tu peux rester debout des heures sans un mot, sous un soleil de feu ou dans un froid de canard. Tu peux faire la fête, boire comme un hussard et être prête au combat le lendemain.

Un jour, dans une interview, j'ai déclaré que « tu étais l'homme que je voudrais être ». J'ai envoyé cette phrase insensée pour dire que j'enviais chez toi ces qualités qu'on prête d'ordinaire aux hommes, et qu'on trouve si rarement chez eux. Tu es plus responsable, plus forte, plus carapacée que les acteurs. Tu es moins vulnérable. Sans doute, ce paradoxe est-il la vraie féminité. La féminité, c'est l'hospitalité, l'ouverture, c'est aussi savoir résister, ne pas se laisser atteindre par ces regards malsains, insistants, allusifs. On n'est pas dans un monde où l'on accepte la féminité.

La nuit, dans la tension du tournage de *Drôle d'endroit pour une rencontre*, on mangeait ensemble sur le pouce. J'avais besoin de décharger mes angoisses en racontant des choses énormes de vulgarité. Tu riais pourtant, tu m'encourageais à me laisser aller. Ton humour, ton indulgence me libéraient. Il y a souvent des histoires plus fortes entre les hommes et les femmes quand la sexualité n'est pas là.

« Elle était belle, si la nuit
Qui dort dans la sombre chapelle
Où Michel-Ange a fait son lit
Immobile peut être belle. »

Peux-tu m'écrire, Catherine, pour me confirmer qu'il s'agit bien d'un poème d'Alfred de Musset.

Je t'embrasse.

à François Truffaut

Cher François,

Deux. C'est le titre du dernier film de Claude Zidi. Je ne peux tourner une histoire d'amour sans penser à toi. Ma partenaire s'appelle Marutchka Detmers... Non, tu ne la connais pas... Au début, je la sentais distante, aux aguets, presque dure. Elle était encore convalescente de son *Diable au corps* avec Marco Bellochio. Elle sentait toujours le regard insistant des hommes sur sa bouche. Elle devinait les murmures, les demi-sourires. Elle était toujours la prisonnière de cette minute d'érotisme cru... Ah oui, parce qu'il faut que je t'affranchisse, François. Le remake du classique d'Autant-Lara était très éloigné de tes scènes de lit de *Baisers volés*. Vraiment très éloigné. On a montré dans un film autorisé à tout public une fellation. Aïe !

Quand je songe que certains passages des *Valseuses* t'avaient un peu... disons brusqué !

Devant cette femme encore troublée, je me suis dit que le cinéma était cruel, impitoyablement misogyne. Il réclame sont dû de sang, de vice, de chair fraîche. Il donne peu de liberté, d'oxygène à une actrice. Je doute qu'une comédienne puisse être heureuse. Je doute qu'elle ait du plaisir.

Sur un plateau, princesses ou sorcières, elles endossent nos songes. On les veut belles comme Yvonne de Galais dans *Le Grand Meaulnes* ou garces comme l'*Eva* de Joseph Losey. Lointaines et puis bandantes. Habillées comme des reines et puis déguisées en putes. Quand elles rentrent à la maison, le changement d'atmosphère doit être brutal ! Difficile de se reconjuguer au quotidien, d'avoir l'air d'une femme comme les autres, d'accomplir les gestes les plus simples. Les actrices sont des femmes sous influence, celle du metteur en scène, celle plus exigeante encore et sommaire du public.

Quand Marutchka a compris que je m'en foutais de sa fellation, elle s'est aussitôt détendue, révélée. Elle est totalement douce. Au cinéma, si les hommes peuvent parfois tricher, cela est impossible pour une femme. Il suffit d'entendre, même une débutante, interpréter Hermione ou la reine de *Ruy Blas*, pour savoir où elle en est de sa féminité.

Je ne sais plus, François, si je t'avais confié combien je trouvais que ce métier endurcissait les femmes et féminisait les hommes. Je crois que ce genre de réflexion t'aurait plu. Si elle ne veut pas disparaître, une actrice doit être une guerrière, se carapacer, résister. C'est souvent, hélas, le chemin de la solitude, le prix à payer. Tandis que les hommes... Objets devant la caméra, en couverture des magazines, ils perdent vite toute dignité. Narcisses, capricieux, jaloux, attachés à leur image comme à une bouée de sauvetage, ils ont sans cesse besoin d'être remontés, cajolés, goinfrés de compliments.

Je suis content de tourner avec Marutchka. J'aime être avec une femme : je me sens rehaussé. Moi aussi parfois, je suis une pauvre chose... Tu vois, François, quand je parle des femmes, c'est bien à toi que je m'adresse. Tu étais leur cinéaste. Depuis que tu es parti, elles sont orphelines, en quête d'auteur.

Souvent, tu m'affirmais que ta seule passion, c'étaient les livres. C'étaient eux, tes nuits blanches. Mais tu étais bien le premier à savoir que derrière chaque livre il y a une femme. Si elles t'ont tant aimé, c'est parce que tu leur racontais des histoires magnifiques dont elles étaient l'héroïne, l'inspiratrice. Avec toi, elles étaient de plain-pied dans le romanesque, elles en étaient le moteur aussi. Elles aimaient découvrir que sans elles, tu n'existais pas, et que tu en étais fier. Pas de film sans femme.

Il y a autour de toi une légende tenace. On évoque ton angélisme, ton bongarçonnisme. La saga Doinel sans doute. Bien sûr, il n'y aurait pas de Truffaut sans Doinel, pas de Genet sans la tôle. Et question Doinel, tu étais drôlement en avance. J'en vois partout des Doinel aujourd'hui. Les hommes se doine-lisent, rabâchent leur nom devant la glace : « Antoine Doinel... Antoine Doinel... ».

Là, je sens que tu te marres. Un vrai rire de voyou. C'est que t'es d'abord un voyou. Je le sais bien, moi. Comme on dit, malgré le temps et les honneurs, on ne peut pas changer les rayures du zèbre. Voyou, pas loubard. Un loubard, c'est lourd. Toi, tu es ce voyou noble qui regarde le monde avec un angle de 380° et plus. Un voyou aérien, allègre, acéré. Un voyou-voyage. Car le voyou est le contraire de quelqu'un qui s'installe. C'est le déplacement, la légèreté, une vivacité enfantine. Comme tous les voyous, tu étais un diplomate. *Le Dernier Métro* est un film diplomatique. Il n'y a pas un seul Allemand et les méchants sont des Français. Jean Poiret joue un collabo qu'il est impossible de haïr. Je t'ai connu aussi diplomate dans la vie. Tu étais devenu intou-chable dans la presse, les médias. Tu étais une véritable institution, toi qui fus un jeune critique pourfendeur de réputations établies. Sacré voyou! Tu vénérais Balzac. Normal! C'était un gros voyou celui-là. Un endetté, un coureur de dot, un intrigant. Et son héros, ce Vautrin-là, ce n'était tout de même pas quelqu'un de recommandable. Un truand qui finit chef de la sûreté. Voyou et diplomate. Le compte y est!

Je voudrais aussi te dire que rarement j'ai tourné un film aussi étrange et mystérieux que *La Femme d'à côté*. Fanny et moi étions des héros malades traversés par la névrose, secoués par un suspense sentimental quasi hitchcockien. En présence l'un de l'autre, notre part maudite remontait à la surface, notre empreinte négative. Un couple peut être vénéneux. Fanny et moi étions mal faits l'un pour l'autre : c'est peut-être cela la passion selon Truffaut. Une impossibilité de vivre normalement à deux, d'être ensemble dans le quotidien.

Tu te souviens du tournage, de cette scène où je devais gifler Fanny ? J'ai beaucoup de mal à mettre une claque à une femme. La paire de gifles et le baiser sur la bouche, voilà mes hantises. Tu riais, si, si, tu riais : « Vas-y, vas-y, elle aime ça. » Bon. Je me suis dit bon, je m'excuse Fanny, et j'y suis allé carrément. Ça s'est très bien passé. Finalement, c'est très simple, suffisait d'y aller!

On frappe à ma porte. Je crois que Marutchka est prête. C'est drôle, je crois que c'est toi qui m'avais encouragé à jouer un militaire à cause de Gabin, de *Gueule d'amour*, de la légende. Et j'ai fait *Fort Saganne*. C'est toi aussi qui disais que j'avais un petit côté proxo, entremetteur. Oui, c'est cela et, tu m'as dit que je devais faire en sorte que tous les gens du cinéma se parlent, se rencontrent.

A bientôt François...

à Jean-Pierre Rassam,

Cher Jean-Pierre Rassam,

Tu es passé dans nos vies à la vitesse de la lumière. Si tu étais un mot, cela serait fulgurant. Tu as été à l'origine d'une nouvelle vague de producteurs. Je te voyais toujours ivre de rage et de passion, et je t'avais surnommé le Rimbaud de la production.

Tout me plaisait chez toi : ta petite taille, ta fébrilité, tes invraisemblables colères, tes cinquante idées par minute, ton visage un soupçon ingrat et qui dégageait un charme fou. A côté de cela, tu étais une véritable brute, un sauvage qui violait les auteurs, bousculait les acteurs. Tu avais toujours une minute d'avance sur les autres. Avec ton entrée fracassante dans ce métier, la production a pris une dimension poétique et les chiffres se sont mis à avoir des idées. Aujourd'hui encore, on se raconte ton lancement de *La Grande Bouffe* au festival de Cannes comme l'une des plus belles illuminations. Tu avais le génie du scandale, la stratégie du scandale qu'a su ensuite perpétuer ton complice Jean-Luc Godard. On avait failli tourner tous les trois un film « inspiré » d'un script de deux pages! Cela devait s'appeler *Bis et Cuit*. C'était l'histoire de deux ouvriers qui travaillaient dans une usine de biscuits et qui prenaient des vacances dans un club méditerranée. On aurait dû...

Comme tous les poètes, tu avais un rasoir à double tranchant entre les mains. Tu n'étais pas exactement un venimeux, un méchant. Tu ne pouvais pas être méchant car tu étais cruel. Tout était toujours plus avec toi. C'était une cruauté tellement humaine. C'est un peu comme dans le roman de Coetze, *Terre du Crépuscule*. C'est l'histoire d'un Hollandais qui en 1760 part avec des Hottentots à la recherche de défenses d'éléphants. Il tombe malade, il est truffé de furoncles, fiévreux. On pense qu'il va crever et on le laisse à l'abandon, pour mort, tel une bête blessée. Seulement, il se guérit lui-même. Il revient se venger et alors là, c'est le carnage.

Peut-être est-ce aussi une plaie ancienne, Jean-Pierre, mal refermée, qui t'entraînait si haut, si fort. On craignait ton verbe assassin, ton intelligence démoniaque. Tu t'attaquais à tout le monde, à tout ce qui bougeait, à tout ce qui ne bougeait pas aussi. A la fin, les gens attendaient avec impatience que tu leur décroches un mot terrible, définitif pour pouvoir se brouiller avec toi, soulagés. Avec Gérard Leibovici et Claude Berri, autres flamboyants, tu faisais partie de ces êtres qui n'ont pas de place exacte.

Beaucoup t'ont laissé tomber. Certains se sont plaints de toi, t'ont traité de truand à cause, la plupart du temps, de broutilles. On a toujours l'impression de se faire voler par les gens qui vous donnent. On prend facilement l'habitude de leur générosité, mais lorsqu'elle s'essouffle, qu'elle s'épuise, on s'empresse de crier « Au voleur! »

Des types comme toi, bien sûr, cela brûle vite, cela se consume. Cela fait partie d'un destin. Quand on dit la vérité à tout bout de champ, les gens ni la vie ne le supportent longtemps. Ils ont été très contents quand ils t'ont vu t'enfoncer dans des paradis artificiels. Maintenant, qu'ils le veuillent ou non, tu es devenu une légende, un modèle, tu te rends compte?

A ta belle époque, j'allais souvent te voir dans ton grand appartement de l'avenue Montaigne. Tu étais toujours très élégant, si fin. Tous tes meubles étaient fixés au sol, car tu étais sans cesse insolvable, menacé de saisies. Malgré tout, l'argent aimait tes rêves. Et puis gagner ou perdre, cela ne signifiait plus grand-chose pour toi. Quand j'y pense, c'était amusant ces meubles vissés au sol pour un type aussi léger, aussi aérien que toi, qui donnais souvent l'impression de s'envoler.

Jean-Pierre Rassam a été un éclair qui est resté figé dans le ciel un peu plus longtemps que les autres.

à la nature,

Demain, dès l'aube...

Quand j'étais môme, j'avais une peur panique d'être surpris par l'obscurité. Combien de fois j'ai marché jusqu'à l'épuisement, jusqu'à ce que je m'endorme debout pour éviter de me retrouver seul avec la nature. Dans mon imagination, les bruits de la nuit, les cris d'animaux, les arbres, le vent devenaient des bruits humains. J'étais certain que j'allais être emporté, changé sur place en rocher vivant, happé par la nature.

Le matin, lorsque le jour s'étire, je suis toujours levé pour assister à son réveil. En Afrique, les arbres commencent à remuer dès quatre heures du matin. J'aime la campagne beaucoup plus que la mer ou la montagne. La plage, cela me fait chier. Le soleil m'agace, il me tape sur le système. Faudrait qu'il me lâche un peu. Il n'y a rien de plus vulgaire que ce soleil de carte postale. Je ne suis à mon aise que sur les plages du Nord, là où les soleils sont froids, presque recouverts d'une légère couche de givre. La chaleur me tue. Je suis une plante, une plante d'arbre comme l'hortensia, une plante d'ombre. Ou bien un cyclamen sauvage, c'est plus subtil et cela pousse dans les sous-bois. Ce sont des espèces de petites fleurs pas encore « ouvertes », très délicates dans leurs couleurs.

La montagne ne me convient pas très bien. Je suis quelqu'un qui traverse. Je n'ai pas l'esprit d'escalade. Je ne sais pas grimper, j'essaie toujours de contourner. Je préfère gagner autrement les hauteurs. Je suis plus sensible aux vertus initiatiques du désert, c'est une école d'humilité. Pendant le tournage de *Fort Saganne*, en Mauritanie, je m'étais construit un petit jardin de la taille de ma main. Il suffit de deux petites graines et la vie reprend.

Il m'arrive souvent de prendre l'hélicoptère. A cette altitude, je « lis » les champs de blé, de seigle, les cépages. Je découvre l'identité du fermier, du vigneron, du paysan. Un vrai paysan doit savoir tout faire. Le vigneron, malgré tout, reste un peu à part. C'est un spécialiste, un cardiologue. J'ai compris qu'il pouvait être un artiste.

C'est Jean Jarry, dit Jean le vigneron, qui

m'a initié. C'est avec lui que j'ai appris. On allait ensemble dans les vignes aux premières lueurs du jour. On campait là pendant plusieurs heures. Il me donnait des cours d'œnologie sur le tas. Il m'aidait à reconnaître toutes les feuilles de cépages : le Cabernet, le Syrah, le Chardonnay, le Grenache, le Chenin, ce petit Chenin... La vigne a une caractéristique : plus le terrain est pauvre, meilleur est le vin. Si la vigne est rocailleuse, s'il y a un rocher énorme, elle trouvera sa racine derrière ce rocher, et c'est derrière ce rocher que le raisin pourra s'exprimer. J'adore cette idée, c'est celle qui se rapproche le plus fidèlement de la nature humaine. Je ne juge jamais les gens. J'ai justement envie d'aller voir derrière leur rocher de connerie pour essayer de découvrir autre chose, de révéler leur sève. Évidemment, on n'est pas à l'abri d'un picrate. Mais il y a des cépages nobles, des appellations.

Avec le phylloxéra, cette saloperie venue d'Amérique, on a été obligé de replanter des clones. En sept ou huit ans, les cépages étaient pourris par cette maladie. Il existe heureusement des vignerons qui travaillent avec de vrais cépages. Il faut être attentif. On s'aperçoit aussitôt de la fantaisie, de la verve artistique d'un vigneron en goûtant son vin. On fait tout de suite la différence entre celui qui travaille avec un esprit créatif et celui qui fabrique un produit commercial. Je n'aime pas tellement tous ces gens qui goûtent moderne, qui prennent d'abord le bouquet où on favorise, on encourage les arômes primeurs. Cela a été cuvé très court pour développer un maximum d'arôme. Mais tu ne peux pas tout avoir. Si tu développes ton arôme, tu n'auras plus de longueur de vin. Il faut savoir si tu bois le vin ou si tu le sens! Tête de con! Un très bon vin, c'est simplement comme la nature le dit, comme comme le cours des saisons. Le printemps, c'est la montée de sève, l'été, c'est l'épanouissement, l'automne, c'est recharger la sève, faire en sorte de la mettre à l'abri du gel.

On n'imagine pas le travail d'un vigneron, la difficulté de son art. Il faudrait lui donner le mérite des arts et des lettres à cet homme-là. Quand il a ramassé son vin, il doit surveiller la fermentation. Et parfois, dans les années de grand soleil, le vin se met en colère et gronde parce qu'il développe tous ses alcools. Parce qu'il est généreux. Souvent, les cuves débordent. Là, il faut prendre un système de réfrigération en essayant de faire des courants d'air, de rafraîchir les cuves et les tonneaux. C'est ce que faisaient sûrement les anciens. Il faut tenter de calmer la fermentation, de laisser le vin s'exprimer, s'épanouir.

C'est tout le dialogue entre la fermentation et l'artiste qui la maîtrise, entre le vin et le vigneron. Ensuite, il faut le laisser cuver trois semaines, se reposer de cet accouchement dans un fût, de préférence usé, pour respecter le tanin du vin avant de le violenter avec les tanin du bois. Maintenant, dans les vinifications, on ne parle plus de cépage ou de vin, on parle de bois. « Vous avez un chêne de la forêt du Troncey. Moi, là-dessus, j'aurais plutôt mis un chêne de la Nièvre. » On parle de goût de chêne. Ils disent : « Ça sent la vanille. » Alors que le vin a son propre tanin. Il y a un moment où l'on égrappe, où l'on enlève les raisins de la grappe. On appelle cela la rafle. Si tu supprimes la rafle qui va donner son tanin au vin, cela ne sera plus exactement du vin. Il existe aujourd'hui pour ramasser le raisin des machines à vendanger, pour aller plus vite. Pour enlever l'eau, la rosée du matin, sur les feuilles triées par l'appareil, le vigneron colle des produits. Ils mettaient déjà des produits sur les vignes pour chasser le goût d'herbasse ! Ça m'énerve, ça me révolte, mais je ne me fais pas de bile, il y aura toujours des artistes. C'est un peu comme la télévision et le cinéma, la littérature et un livre de Rocheteau. Les médias essaient de changer le goût des gens. On a tous au départ un goût inné, ce sont les enfants les meilleurs goûteurs. En vieillissant, on a le goût qui nous ressemble. Ceux qui ont un palais de zinc trimbalent beaucoup d'idées reçues ; c'est aussi con que les pauvres gars qui s'épuisent à l'école à tout avaler, à boire à la bouteille Molière et Marivaux, cul sec ! Si on m'avait fait lire prématurément Proust et Balzac, ces deux appellations contrôlées m'auraient fait l'effet d'un vin bouchonné. Je sais qu'un jour viendra, quand il sera bien fermenté en moi, où je dégusterai du Proust 1919. Une bonne date, celle du Goncourt, beau cépage.

Il n'y a rien de plus émouvant qu'une moisson. C'est une fête. Avant, il y a la récolte, derrière cette année d'attente, la menace qui est le monde du ciel, celui de la tragédie où peut se développer la conversation entre Dieu et celui qui cultive la terre. Plus modestement, il y a ma grand-mère avec ses poireaux. Je ne pouvais pas passer sous silence ma grand-mère et ses poireaux. Elle habitait dans une petite baraque en bout de piste, à Orly. Elle prenait son pot de chambre et elle faisait des ferments, du fumier humain. On balançait sa « mixture » sur la terre et par ici les beaux poireaux, fabrication maison. Cela devenait une vraie culture, un circuit privé : on ressortait de nous les poireaux pour les renvoyer sur la terre, pour la nourrir à nouveau de notre merde et ainsi de suite.

Sur cette terre, il y a aussi les animaux. J'adore élever les poules pour ensuite les manger. Les cochons, c'est autre chose. Il ne faut pas s'attacher à un cochon. Gaffe. C'est un animal extrêmement intelligent, très drôle, aussi fidèle qu'un chien. Si tu te mets à lui témoigner de l'affection, c'est foutu, il te suit partout. J'aime bien l'idée qu'on finit par ressembler à ce qu'on mange. Les paysans ont raison. Il n'y a qu'à regarder les charcutiers, ils ont presque tous des têtes de pâté.

Je suis trop enraciné dans la terre pour comprendre la ville. La ville est comme une pièce fermée et humide. Elle me rend claustrophobe, méchant. Non, la plus belle chose à posséder, c'est la terre. Pour quoi faire ? Pour marcher dedans, tête de con !

à ma femme,

Mon Élisabeth,

Dans la lumière, j'ai vu deux yeux bleus, j'ai vu beaucoup de bleu. Ta robe aussi était bleue, avec un mélange de blanc. C'est drôle, mais en plus, je crois qu'il s'agissait d'une scène de *La Lune est bleue*. C'est une belle couleur.

J'ai pensé : « Elle est petite, c'est beau une femme petite. » J'ai été touché par la perfection de tes formes, ton corps émouvant. Ta voix était digne malgré l'émotion, le trac. Jean-Laurent Cochet, d'ordinaire sévère, autoritaire avec ses élèves, te parlait avec beaucoup de respect. Il se dégageait de toi un sentiment humain extraordinaire par ta féminité, ton courage, ta fantaisie. J'ai pris tout ça en pleine poire et je suis resté un long moment en arrêt, frappé de stupeur. Je ressemblais à un « oh ! » d'émerveillement.

Dans la lumière, j'ai vu aussi une bouche magnifique, une bouche parfaite, idéalement dessinée. J'ai vu comme ça, de près, une foule de détails. D'habitude, on a d'abord une idée générale d'une personne. Là, je me suis promené de tes yeux à ta bouche, de ton front à tes mains. A chaque fois, c'était la même surprise. A la fin de la scène, je suis venu vers toi. J'ai été incapable de sortir une phrase. Alors, j'ai ri, j'ai dû rire bêtement. C'était la première fois qu'on riait ensemble. Une femme qui sait rire, qui a de l'esprit, c'est une femme indépendante.

Je me suis tout de suite senti bien avec toi. Je ne savais même pas pourquoi parce que je n'y connaissais rien aux sentiments. Il y a eu, c'est sûr, une admiration réciproque. Tu me parlais d'une telle façon que j'entendais tout. J'avais cessé d'être sourd, enfermé. Au cinéma, à côté de toi, je comprenais tout, je comprenais tout car on était ensemble. Après, on ne pouvait plus se passer l'un de l'autre. J'avais trouvé ma voie, retrouvé ma voix.

J'ignorais ce qu'était un sentiment amoureux. Je ne savais pas qu'on pouvait aimer la femme qu'on aime. Dans ma tête, il y avait la mère qui accouche dans son sang et la fille qu'on paie pour être tranquille. Pour moi, tu as été une apparition. Et effectivement, tout m'est apparu : l'amour bien sûr, mais aussi le théâtre, le langage, le désir. J'ai été mis au monde une seconde fois. Tu m'as rendu réceptif. Je te dois mes premiers mots : « Tu m'as manqué » ; « Je pense à toi » ; « Tu as de grands yeux »...

Pendant un certain temps, je ne savais pas très bien où je voulais en venir. Puis je t'ai dit d'un coup : « Faudrait qu'on se marie. » J'avais toujours rêvé de me marier, moi, d'avoir mille enfants. Je suis donc allé voir ton père pour lui demander ta main. Il a été impec, ton père. Je savais qu'il m'aimait bien, qu'il avait dit que je n'étais pas très futé mais que j'avais un gros cœur. Et comme je n'étais pas très futé et que j'avais un gros cœur...

Avec toi, j'ai toujours éprouvé un sentiment de liberté inouï. Je peux être moi-même, je ne sens jamais quelque chose d'interdit, quelque chose contre moi. Quand on a eu Guillaume et Julie, quand tu as arrêté le métier, cela n'a jamais été tragique. Je n'ai jamais fait un film seul, je les ai tous faits avec toi. La vie est restée la plus forte. Elle est plus importante que le cinéma. Quand j'ai « explosé » avec *Les Valseuses*, tu n'as pas été surprise parce que tu étais prête, parce que tu savais que cela m'arriverait. Tu sens admirablement ce qui va se produire. Dans ta famille, on t'appelait Cassandre. C'est parce que tu savais toutes ces choses que je les ai faites, que j'ai eu envie de les faire.

Tu es toujours à l'heure. Tu ne supportes pas d'être en retard. Tu as des exigences qui n'ont rien de tyrannique, mais auxquelles il faut faire attention. Les gens qui donnent beaucoup n'aiment pas qu'on gaspille. Quand on gaspille, on ne sait plus qui on est, ce qu'on a. Toi, tu ferais n'importe quoi pour que les gens soient heureux autour de toi. Tu as des attentions tellement belles et généreuses que tu t'en oublies toi-même. Quand tu offres un cadeau, ta main, ton bras, toi tout entière disparais en même temps. Tu es généreuse jusqu'à l'épuisement, jusqu'à la limite de tes forces. Parfois, j'ai peur que tu en perdes la vie. Quand tu prépares une pièce, quand tu animes tes cours, tu ne travailles jamais. Tu ne peux pas accepter le mot Travail, c'est le contraire du rendez-vous. Tu es comme ces grands nomades du désert qui s'arrêtent un temps, juste pour donner. Ils vous donnent leur voyage, le trajet qu'ils ont accompli, puis ils repartent.

Depuis que les enfants sont grands, on se retrouve un peu comme au début. Quand on est seuls, à Trouville, on a l'impression de vivre des premiers moments. Ce n'est pas de la reconquête, on ne retrouve pas stupidement nos marques, il s'agit bien d'une conquête continue. Il y a des regards toujours frais entre nous, il n'y a rien d'arrêté, nous sommes toujours en mouvement. Quand on commence à s'habituer, la caravane repart.

Mon Élisabeth, je ne dis pas souvent « Je t'aime », « Tu es belle », je manque un peu de ce vocabulaire. C'est-à-dire que je le vois, mais j'oublie de le dire. A la place, cela donne : « Comment, tu te sens ? Ça va bien ! » Quand on dit ces choses amoureuses, c'est aussi parce qu'on devine que l'autre a des doutes sur sa beauté, sur le fait d'être aimé. Je pourrais davantage dire par exemple : « Je l'aime » que « Je t'aime ». Alors, mon Élisabeth entre toi et moi, je vais te faire une confidence : « Je l'aime, je l'aime pour toujours, pour la vie. »

La 25e Lettre,

Le Dédé a choisi la vingt-cinquième lettre pour mourir. Sur son lit d'hôpital, il avait la tête de quelqu'un qui n'en revient pas d'être mort. Il avait la bouche ouverte, je suis costaud mais j'ai eu un mal de chien à la lui fermer. Il a emmené cette bouche grande ouverte avec lui au Ciel. Il a tant de choses à lui dire maintenant à la Lilette. Il a eu le temps d'y penser depuis cinq mois, depuis qu'elle est partie.

Cette surprise, cette stupéfaction dans son regard, c'était un peu comme un point virgule suspendu dans l'air. J'avais l'impression qu'il avait dû voir quelque chose au moment de s'en aller. Je suis resté un long moment, seul avec lui en pleine nuit. Je lui ai trouvé soudain un autre visage, peut-être celui d'une vie antérieure ou d'une vie future.

En refermant la porte, j'ai entendu une voix fuser du couloir : « Mais on m'avait dit que je partirais ce soir ! » — « On ne peut pas vous laisser partir, madame, il est deux heures du matin. »

Le lendemain, je suis allé rendre visite à Jean le vigneron. Dans Bougival, les gens m'arrêtaient pour me féliciter. La veille, je venais d'être décoré du mérite.

— Félicitations, Gérard ! C'est formidable !

— Bah oui, mais le Dédé, il est mort aussi cette nuit !

— Oh ! Ça alors... Si vite...

Cette saynète s'est reproduite une bonne dizaine de fois. Je n'arrivais pas à jouer l'émotion. Je n'étais pas ému, j'étais bouleversé nom de Dieu ! A la fin, j'éclatai de rire.

Cela m'a fait du bien de boire un petit verre avec Jean. Sa fille Catherine était là. Elle est partie acheter du jambon. Dans le frigidaire, j'ai pris un bon morceau de Saint-Nectaire maigre. J'ai téléphoné à Jean Carmet. J'avais besoin de me sentir entouré de pères. J'ai sorti de mon blouson les photos de la cérémonie à l'Élysée où je pose côte à côte avec Jean le vigneron. Elles sont passées de main en main.

Sur le chemin du retour, j'ai grondé gentiment une petite dame en chaussons qui était descendue de chez elle uniquement pour emmerder le monde. Je m'étais garé dans la cour voisine de la maison de Jean le vigneron et elle prétendait que la voiture d'un de ses amis, Patrick le sculpteur, bloquait le passage.

— Il va revenir! Il est parti chercher une caisse de vin.

— C'est pour les autres, ils vont se retrouver coincés enfin!

— Et où ils sont les autres? Hein! Où ils sont donc les autres. Il va revenir, je vous dis.

Elle s'est mise alors à sourire. La vie a pris tout de suite moins d'importance. J'ai démarré. Elle m'a fait un petit salut joyeux de la main. En arrivant près de la maison, je me suis garé un peu avant, juste en face de chez Alcide. Il a travaillé toute sa vie dans les égouts, Alcide. Il a mal supporté d'être remonté à la surface. Toute cette lumière... Il a chopé un cancer à la langue. Il n'arrête pas de se plaindre, de gémir, il est persuadé que c'est pour demain. Avec sa femme, la Mounette, on lui a dit qu'il commençait sérieusement à nous gonfler avec sa mort.

— Le Dédé, il disait rien, lui, et il est mort. Tu devrais avoir honte avec ta clope au bec. Salaud va!

Une vieille dame est passée devant nous à petits pas poussiéreux. On s'est arrêté de bavarder pour lui dire « Bonjour! ». Elle n'a rien dit, elle a continué son chemin. Elle n'a pas dit bonjour, le chameau, mais en même temps, elle était le « bonjour ».

Je les ai quittés en riant. Ma sœur Hélène était là. Mon frère Frank et sa femme Nathalie attendaient également dans le petit salon. Je suis entré au moment où Élisabeth persuadait Hélène de ne plus dire « décédé » mais « mort ». Mort, mourir, « mouirr » comme disent les enfants. Devant Frank qui ne pipait mot, prostré sur sa chaise, la tête rentrée dans les épaules, j'ai hurlé : « Ton père est mort ! Point ! » Tout le monde a rigolé. Pendant le déjeuner, on a mangé une blanquette de veau. Le Frank avait toujours son air d'éternel endeuillé à la Pierre Etaix. Sa femme s'est mise à raconter leurs vacances à la montagne. Elle évoquait leurs descentes en ski, elle parlait d'une piste rouge. A cet instant précis, Frank a ouvert la bouche et il a dit : « Bleue ». Que voulez-vous, elle était bleue cette piste ? C'est un poète le Frank. Juste avant qu'il s'en aille, il s'est mis à parler subitement de sa dernière visite à son père.

— Le Dédé m'a demandé de lui amener le fil. Il m'a montré l'armoire, mais je ne voyais pas son fil. Quand il a compris qu'on s'en allait, il a dit : « Ne partez pas encore. Restez un peu. » Et il m'a pris la main.

A ses côtés, Nathalie hochait la tête : « On

était même surpris qu'il cause autant. D'habitude, il est comme mon Frank. Juste bonjour et comment ça va. » Je leur ai dit que le Dédé les avait emportés tous les deux avec lui dans ses bagages.

Je me sentais bien, c'était la force du présent. Et ce qui me faisait peur avec la mort du Dédé et de la Lilette, c'était de perdre leur présent. Le présent est la chose la plus violente qui soit parce que c'est ce qui est là. C'est *là*. C'est ce qu'on appelle la vie. Avec ses odeurs, ses malaises. Chardonne disait que la pourriture est partout. On ne peut rien changer, les choses se répètent. La mort ressemble à toutes les morts, l'absence ressemble à toutes les absences. Heureusement, le présent, ça brûle, ça grille, c'est un feu gigantesque. Il nous empêche de nous arrêter. Aimer le passé, c'est douteux. Je n'aimerais pas ressembler à mes souvenirs. La règle de mes parents, c'était le temps, le battement de cœur d'une horloge : « Tic tac... Tic tac... », le temps présent.

J'ai reçu leur mort à tous les deux comme un cadeau. Nous n'avons jamais su communiquer autrement que dans la douleur.

Chez moi, à Noël, il n'y avait qu'un sapin. Il n'y avait pas de cadeaux. Je suis né un 27 décembre... Je ne voulais pas parler de ça... On va dire que... Enfin, la Lilette ne voulait pas que je naisse, elle me l'a toujours reproché. Et je suis né deux jours après Noël. Elle n'a pas fait de voyage, elle n'a pas eu de cadeau puisque ce fut une douleur ce Noël de 1948, une douleur immense certainement. Elle se disait qu'en me mettant au monde, elle se mettait un peu à mort elle-même. Je suis né comme un cadeau de Noël horrible. J'étais comme le cadeau des pauvres : un soulier avec une orange à l'intérieur. Pour moi, c'est le plus beau.

Voilà. Je crois que c'est fini maintenant. La mort, leur mort, c'est comme un cartable qui vous tombe des mains. C'est s'habituer à voyager sans bagages. On se sent plus léger mais on comprend à chaque disparition que le voyage s'amenuise. C'est curieux, je finis ce livre soulagé. Je ne comprends pas les perruches qui parlent de l'angoisse devant la page blanche. Il n'y a rien d'angoissant dans une page blanche ! C'est la page écrite, moi, qui aurait tendance à me faire peur, tous ces feuillets noircis, c'est impressionnant. C'est exactement cela : j'ai l'angoisse devant la page noire.

Table

Le LIVRE de POCHE

Dans Le Livre de Poche

Extrait du catalogue

Personnalités du spectacle, de la télévision...

Desanti Dominique
Sacha Guitry, cinquante ans de spectacle

Deschamps Fanny
Monsieur Folies-Bergère

Devos Raymond
Sens dessus dessous

Dietrich Marlène
Marlène D

Dieuleveult Philippe de
J'ai du ciel bleu dans mon passeport

Goldmann Albert
John Lennon, une vie avec les Beatles

Hossein Robert
La sentinelle aveugle

Léotard Philippe
Portrait de l'artiste au nez rouge

Lever Maurice
Isadora (vie d'Isadora Duncan)

Mathieu Mireille
Oui, je crois

Ockrent Christine
et **Marenches** Alexandre de
Dans le secret des princes

Poivre d'Arvor Patrick
Les enfants de l'aube
Deux amants
La traversée du miroir
Les femmes de ma vie

Polanski Roman
Roman

Régine
Appelle-moi par mon prénom

Rihoit Catherine
Brigitte Bardot, un mythe français

Russell Ross
Bird *(vie de Charles Parker)*

Sabatier Patrick
Mon tour de vérité

Signoret Simone
Adieu Volodia

Simon Yves
L'Amour dans l'âme
Transit-Express
Océans
Le voyageur magnifique

Spada James
Grace *(vie de Grace Kelly)*

Todd Olivier
Jacques Brel, une vie

Ullman Liv
Devenir...

Verneuil Henri
Mayrig

Vlady Marina
Vladimir ou le vol arrêté

Walesa Lech
Un chemin d'espoir

Yourcenar Marguerite
Les yeux ouverts

IMPRIMÉ EN FRANCE PAR BRODARD ET TAUPIN
Usine de La Flèche (Sarthe).
Librairie Générale Française - 6, rue Pierre-Sarrazin - 75006 Paris.

ISBN : 2 - 253 - 05232 - 9   ◈ 30/6725/3